기기묘묘한 중국의 옛이야기

■ 중국 대표 민담 19선 ■

기기묘묘한 중국의 옛이야기

김영준 역주

어문학사

머리말

　언제부턴가 틈만 나면 중국의 이곳저곳을 홀로 배낭여행하는 것이 일상 취미생활이 되고 말았다. 필자가 강소성과 절강성 일대의 명소들을 돌아다닐 때의 일이다. 곳곳에서 마주치게 되는 중국 설화 속의 인물들을 접하면서 '중국 대표 설화집'이 있었으면 좋겠다는 생각을 하게 됐다. 당장 눈 앞에 펼쳐지고 있는 풍경과 광경의 진수를 얻지 못하고 간다는 아쉬움이 있었기 때문이다. 만약 한국에 처음 오는 외국인들이 춘향 고사(故事)를 잘 모르는 상태에서 남원에 있는 오작교나 광한루를 구경한다면 그 느낌은 어떤 것일까? 필자가 당시에 느꼈던 것도 바로 그러한 것이었으리라.

　이를 위해 기존에 출간된 몇몇 역서들을 살펴 보았다. 그러나 필자의 요구를 만족시켜주는 그런 책은 없었다. 결국 이러저러한 이유들로 인해 이 종류의 책을 구상하던 중, 바로 작년 봄의 일이다. 필자의 아쉬운 마음을 전해 들은 중국의 한 지인이, 마침 적절한 책을 하나 입수해서 필자에게 보내왔다. 길림출판사에서 펴낸 2011년판 〈중국민간고사(中國民間故事)〉란 책이었다. 펼쳐서 읽어보니, 그 필치

　기기묘묘한 중국의 옛이야기

가 유려하고 내용 또한 충실했다. 그래서 마침내 그 책에 실린 이야기들 중, 중국을 대표할 만한 이야기들을 골라서 번역하기로 마음을 굳히고 그것을 실천에 옮긴 결과, 19편으로 구성된 아담한 책이 완성되었다.

19편의 이야기를 고를 적에, 일단은 중국인들 사이에서 이른바 '중국고대 사대신화(中國古代 四大神話)'라고 일컬어지는 것과 '중국민간 사대전기(中國民間 四大傳奇)'로 불리우는 것들을 최우선적으로 선별했다. 구체적으로 말하면, 이 책에 소개된 설화 중에서 〈여와, 하늘을 깁다〉, 〈항아, 달로 도망치다〉, 〈후예, 태양을 쏘다〉, 〈공공, 부주산을 들이받다〉와 같은 것들은, 이른바 '중국고대 사대신화(中國古代 四大神話)'에 해당하는 이야기들이다. 그리고 〈우랑과 직녀〉, 〈맹강녀〉, 〈양산백과 축영대〉, 〈백사전〉과 같은 것들은 중국인들 사이에서 '중국민간 사대전기(中國民間 四大傳奇)'라고 불리는 이야기들이다.

그렇다면 이들 이야기는 대체 언제부터 구전되기 시작한 것일까?

사대 신화(四大神話)로 일컬어지는 이야기들은 대부분 전한(前漢) 시절의 〈회남자(淮南子)〉, 〈산해경(山海經)〉 등에 실려 있는 이야기들이다.

그리고 사대 전기(四大傳奇) 중 〈맹강녀〉 이야기의 경우, 그 시원(始原)은 전한(前漢) 시절에까지 거슬러 올라간다. 그 시기에 유향(劉向: B.C. 77~B.C. 6)이 지은 〈열녀전(列女傳)〉에 보면, "제나라 기량식이 전사하자 그 처가 성 밑에서 통곡을 하였는데, 그렇게 한

지 10일만에 성이 무너지고 말았다.(齊杞梁殖戰死, 其妻哭于城下, 十日而城崩)"고 한 것이 보이는데, 이때 벌써 이야기의 큰 골격이 완성됐음을 알 수 있다.

또 우리나라의 '선녀와 나무꾼' 이야기에 비견해 볼 수 있는 〈우랑과 직녀〉의 경우, 매우 이른 시기에 생겨난 이야기로 추정된다. 즉 중국의 〈시경(詩經)〉 소아(小雅) 대동(大東)편에 "기피직녀(跂彼織女)"며 "완피견우(睆彼牽牛)"라고 한 것이 보이는데, 이는 견우(牽牛)와 직녀(織女)란 이름이 이미 춘추시대 이전에 형성돼 있었음을 알 수 있게 해주는 것이라 하겠다. 그리고 후한(後漢) 시절 응소(應劭: A.D. 153~A.D. 196)가 저술한 〈풍속통의(風俗通義)〉에도 '직녀가 칠석날에 까치들이 만든 다리를 밟고 물을 건넜던 까닭으로 까치 머리가 까지게 됐다'는 것과 같은 이야기의 초보적인 골격이 보이고 있다.

〈양산백과 축영대〉 이야기의 경우, '양(梁)'과 축(祝) 두 사람이 함께 공부하고 같은 무덤에 묻혔다'는 내용을 기재하고 있는 당(唐)나라 양재언(梁載言)의 〈십도사번지(十道四蕃志)〉에 처음으로 그 모습을 드러낸다. 그리고 현재와 같은 이야기의 골격은 명(明)나라 풍몽룡의 〈고금소설(古今小說)〉에 와서 완성된다.

백사(白蛇)의 이야기는 사대 전기(四大傳奇) 중 가장 늦게 형성된 이야기로 간주되는데, 그 내원(來源)에 대해서는 두 가지 설이 존재한다. 하나는 당(唐) 전기(傳奇) 〈백사기(白蛇記)〉에서 왔다는 것이고, 다른 하나는 〈서호삼탑기(西湖三塔記)〉에서 왔다는 것이다. 지금과 같은 이야기의 형태는 명(明)나라 풍몽룡의 〈경세통언(警世通

기기묘묘한 중국의 옛이야기

言)〉에 실린 '白娘子永鎭雷峰塔'에 와서 갖추어진다.

한편 〈우랑과 직녀〉, 〈양산백과 축영대〉, 〈우렁이 색시〉, 〈늙은 쥐, 딸을 시집보내다〉와 같은 이야기들은 일찍부터 우리나라에 흘러들어와 민간에 널리 구전되거나 읽히던 이야기들이다. 〈우랑과 직녀〉, 〈우렁이 색시〉〔도잠(陶潛)의 《수신후기(搜神後記)》에 최초로 실림〕와 같은 것들은 우리나라로 유입된 뒤, 오랜 구전의 과정을 통해 한국화(韓國化)라는 새로운 변모의 과정을 거쳐서 우리의 전통 이야기로 굳어진 것들이다.

또 〈양산백과 축영대〉는 조선시대 말엽에 벌써 〈양산백전(梁山伯傳)〉이라는 이름으로 번역, 판각(板刻) 되어서 두터운 언문 독자층을 형성하고 있었다. 그리고 〈늙은 쥐, 딸을 시집보내다〉와 같은 이야기는 광해군조 유몽인의 〈어우야담(於于野談, 1621년)〉과 숙종조 홍만종의 〈순오지(旬五志, 1678년)〉에 '두더지의 혼인'이라는 제목으로 실린 이야기와 동종(同種)의 이야기다. 〈늙은 쥐, 딸을 시집보내다〉는 중국 쪽에서는 18세기 이후에 성행한 이야기라고 하는데, 이는 우리나라의 〈어우야담〉이나 〈순오지〉보다도 훨씬 늦은 시기다. 필자가 과문한 소치일 수도 있겠으나, 이를 보면 우리 쪽의 이야기가 중국 쪽으로 건너갔을 개연성도 전혀 배제할 수는 없을 것이다.

초암재에서 김영준 識

추천사

이 책을 번역한 김영준 교수와 추천인은 같은 분야를 전공하고 있는 동학이다. 그는 일찍이 『파수록/진담록』·『어수신화』 등을 번역하여 학계로부터 많은 주목을 받은 바 있다. 그의 관심은 우리 고전 서사학 가운데서도 특히 전래하는 문헌설화에 상당 부분 기울어져 있는 듯하다. 그것은 위에 든 책들이 『고금소총』 소재 자료집이라는 데서도 익히 확인된다. 김영준 교수는 일찍부터 『고금소총』 소재 자료집 전체를 대상으로 번역·출간하려는 계획 아래, 그 작업의 상당 부분을 진척시킨 것으로 알고 있다. 그의 이 분야에 대한 관심은 조금씩 그 시야를 넓혀가는 가운데, 『리야기책』이라는 자료 또한 곧 상재를 앞두고 있다고 들은 바 있다.

일관되게 한 분야를 집요하리만큼 천착해 온 그가, 최근 들어서는 그 시야를 우리 조선시대 문학과 매우 밀접한 관계를 갖고 있는 중국문학으로까지 확장시킨 듯하여 학계로부터 더한 관심과 주목을 끌게 될 것이라 여겨진다. 그 구체적인 증거가 바로 이번에 역자가 『중국민간고사(中國民間故事)』를 대본으로 발췌, 번역한 본서라

할 수 있다. 2011년 6월 출간된 『중국민간고사(中國民間故事)』는 〈吉林出版集團有限責任公司出版社〉에서 〈最暢鎖中外名著名家導讀本〉(베스트셀링 중국과 외국의 명작, 명가 길잡이본)이라는 타이틀 아래 기획된 도서 중 하나이다. 비록 전체 41편 가운데 19편의 작품들만 발췌, 번역했다는 작은 아쉬움은 있지만, 그렇다고 해서 위 번역서의 가치가 훼손되는 것은 결코 아니다. 왜냐하면 번역자가 선별, 번역하고 있는 작품들만으로도 『중국민간고사(中國民間故事)』의 대체적인 얼개와 각 작품들의 성격을 충분히 미루어 짐작할 수 있다는 점 때문이다. 나아가 여기에 번역, 수록되어 있는 작품들 가운데 중국의 대표적인 민간고사인 〈맹강녀(孟姜女)〉, 〈백사전(白蛇傳)〉, 〈공작새, 동남쪽으로 날다(孔雀東南飛)〉의 흥미로운 서사내용뿐만 아니라, 〈우렁이 색시(田螺姑娘)〉, 〈양산백과 축영대(梁山伯與祝英臺)〉, 〈화무란, 전쟁터에 나가다(花木蘭從軍)〉, 〈늙은 쥐, 딸을 시집보내다(老鼠嫁女兒)〉 등의 서술 문면을 통해 우리 고전 서사작품들과 중국의 〈민간고사〉 간의 상이점, 상동점까지도 꼼꼼히 밝힐 수 있게 되었다. 그러한 점만으로도 이 번역서는 같은 길을 걷는 연구자들뿐만 아니라, 중국의 〈민간고사〉에 대해 관심을 갖고 있는 일반 독자들에게도 나름대로 지남의 역할과 함께 상당한 흥미를 충분히 유발할 것으로 기대된다. 본서의 출간을 마음 깊은 곳으로부터 경하하면서 추천의 말을 대신하고자 하는 이유이다.

　좌고우면하지 않고 늘 한결같은 행보를 내딛고 있는 역자에게 이번 역서에서 누락시킨 나머지 자료들 또한 조만간 전부 번역하여 중국의 〈민간고사〉에 대한 보다 깊이 있는 이해를 우리 학계에 제공할 의무 아닌 의무가 부여되어 있다고 주장한다면, 너무 지나친 요구일까?

동학의 길을 걷는 연구자로서, 다시 한 번 이 역서의 출간을 크게 기뻐하며 감히 추천사로 갈음한다.

2013년 초춘지절에
원광대학교 국어교육과 교수
정명기(鄭明基)

차
례
●

우랑과 직녀

牛郞織女

　　전설에 따르면, 천제(天帝)[1]에게는 여섯 명의 딸이 있었다. 여섯 딸은 모두 어머니인 왕모(王母)[2]를 모시고 물레로 실을 뽑아 베를 짜는 공부를 했다. 세월이 흘러 다섯 언니의 나이도 점점 많아지게 되었다. 그러자 언니들에게는 저마다 사정이 생겼고, 그 때문에 날마다 물레 앞에 앉아 있긴 했지만 마음이 딴 곳에 가 있어서 베 짜는 솜씨

---

1 천제(天帝)는 도교(道敎)의 용어로, 천제(天帝)에는 크게 '삼청(三淸)'과 '육어(六御)'가 있다. '삼청(三淸)'이란 '우주만물의 창조자'를 일컫는 말이고, '육어(六御)'란 '천지의 만신(萬神)을 통솔하는 자'를 일컫는 말이다. 여기서는 '육어(六御)'에 속하는 천제들 중, 중앙에 있는 '옥황대제(玉皇大帝)'를 일컫고 있다.

2 서왕모. 〔신화 속의 여신. 곤륜산(崑崙山)의 요지(瑤池)에 살며 불로장생(不老長生)의 선도(仙桃)를 키웠다고 함〕

가 도무지 늘질 않았다. 다만 가장 나이 어린 막내 동생만큼은 열심히 공부를 해서 그 솜씨가 날로 늘어만 갔다. 그녀가 짠 베는 여러 가지 모습을 하고 있었는데, 그 하나하나가 예쁘고 진짜 사물처럼 보였으며, 가볍고 부드러워 입기에 아주 편했다. 또 사람들로 하여금 찬탄을 금치 못하게 만드는 것은, 그녀가 짜낸 뭉게구름은 시간과 계절이 바뀜에 따라 바뀌어나갔고, 순백(純白)의 색깔을 띠었나 싶으면 금방 여러 가지 색깔로 바뀌었고, 버섯처럼 생겼다 싶으면 금새 각종 기이한 동물의 형상으로 바뀌었다. 그녀가 짠 옷에서는, 놀랍게도 바느질 흔적이라곤 도무지 찾아볼 수가 없었다. 그래서 사람들은, 그 옷을 바느질 흔적이 없는 '천상(天上)의 옷'이라고 불렀다.

그녀가 짠 수예품이 이렇듯 놀라움을 본 왕모(王母)는 아주 기뻐하며 이렇게 말했다.

"저 애한테는 따로 이름을 지어줄 필요가 없다. 그냥 '직녀(織女)'라고 불러라."

그 후부터 사람들은 그녀를 '직녀(織女)'라고 부르게 되었다.

천제(天帝)의 여섯 딸들은 모두 빼어난 미모를 지니고 있었다. 그러나 그중에서도 직녀(織女)의 미모는 단연 압도적이었다.

아름다운 직녀(織女)는 날이면 날마다 하늘 궁전 안에 있는 베틀 앞에 앉아 아름다운 베를 짰다. 베틀 앞에 있는 창문을 통해서 저 멀리 반짝반짝 빛나는 은하수가 눈에 들어왔다. 그리고 은하수를 계속 따라 몇 리(里)쯤 가다보면 은하수 맞은편에 왁작지껄한 인간 세상이 있었다.

그 인간 세상에는 소를 돌보는 목동이 하나 살고 있있다. 그는 날마다 소를 몰고 다니는 까닭에 이름을 '우랑(牛郎)[3]'이라고 했다. 그는 어린 나이에 부모를 여의고 형님 부부와 함께 살아가고 있었다. 형은 비교적 그에게 잘해주는 편이었지만 애석하게도 날마다 일을 나가야 했으므로 집안일에 참견할 시간이 없었다. 그의 형수는 매우 심술궂은 여자로 날이면 날마다 그에게 힘든 일을 시키고, 먹으라고 주는 건 쌀겨로 만든 떡 조금하고 야채 경단뿐이었다. 그리고 가끔씩은 그것조차도 충분히 주질 않았다. 우랑(牛郎)이 날마다 방목(放牧)하던 늙은 소는 우랑(牛郎)의 처지를 동정하여 그를 위해 늘 마음 아파하며 눈물을 흘리곤 했다.

하루는 우랑(牛郎)의 형수가 그의 형에게 이렇게 말했다.

"이제 우랑(牛郎)도 벌써 어른이 다 됐어요. 그런데도 별로 하는 일 없이 식량만 축내고 있으니, 차라리 분가(分家)를 시켜 혼자 지내게 하는 게 어떨까요?"

우랑(牛郎)의 형이 난감해 하면서 이렇게 대답했다.

"그것도 나쁘진 않겠지. 그럼 이 집을 어떻게 나누면 좋을까……? 방이 모두 세 칸이니깐 방 한 칸은 동생에게 줍시다. 그리고 땅도 다섯 묘(畝)[4] 중에서 최소한 한 묘(畝)는 동생에게 주는 게 좋겠구먼."

형수는 남편의 말이 떨어지기가 무섭게 퉁명스러운 목소리로 이렇게 내뱉었다.

---

3 '우랑(牛郎)'과 '견우랑(牽牛郎)'은 같은 맥락의 말이다.
4 논밭 넓이의 단위. 1묘는 한 단(段)의 10분의 1, 곧 30평으로 약 99.174m²에 해당한다.

"어림없는 소릴! 동생에게 방을 줄 수는 없어요. 늙은 소나 끌고 가게 하세요. 어차피 늙어빠져 쟁기질도 못하고 쓸모도 없으니깐……."

형은 하는 수 없이 그렇게 하자고 하였다.

이렇게 해서 우랑(牛郞)은 형네 부부와 분가를 했다. 그러나 그는 늙은 소 한 마리를 제하고는 아무것도 나눠 받질 못했다.

딱히 머물 만한 곳이 없자, 늙은 소는 우랑(牛郞)을 암벽 동굴로 데리고 갔다. 둘은 거기서 생활을 시작했다. 그곳에는 밭도 없었다. 그래서 늙은 소는 우랑(牛郞)을 도와서 황무지를 개간했다. 늙은 소의 도움을 받아 우랑(牛郞)이 파종을 한 작물들은, 쑥쑥 자라 첫해에 벌써 깜짝 놀랄만한 수확량을 거둬 들였다. 늙은 소는 또 우랑(牛郞)을 도와서, 나무를 실어나르고 벽돌과 기와를 운반해다가, 세 칸짜리 집을 지었다. 그렇게 한 지 불과 2년만에 우랑(牛郞)은 이제 더 이상 먹고 살 걱정을 하지 않고 하루하루를 그럭저럭 살 수 있게 되었다.

낮에는 산에 올라가 소를 풀어놓고 일을 했고, 밤에는 집에 돌아와 늙은 소와 이런저런 얘기를 나누거나 이것저것 서로 의논을 했다. 물론 집 안에는 늙은 소를 제외하고는, 사람의 그림자라곤 찾아볼 수도 없었다. 생활이 이렇듯 쓸쓸하고 적막하기 그지없었지만 다행히 이미 쓸쓸하고 청빈한 생활에 익숙해져 있었던 우랑(牛郞)은, 그와 같은 생활을 아무렇지도 않게 여겼다. 하지만 늙은 소는 늘 우랑(牛郞)에게 배필을 마련해 주어야겠다는 생각을 떨칠 수가 없었다.

어느 날 갑자기 늙은 소가 입을 열어 우랑(牛郞)에게 이렇게 말했다.

"우랑아! 너도 이제 나이가 나이인 만큼 결혼을 해야 하지 않겠니?"

우랑(牛郎)의 둘도 없는 친구인 늙은 소가 이렇듯 우랑(牛郎)에게 관심을 가져주자, 우랑(牛郎)은 말할 나위없이 기뻤지만 그는 한숨을 내쉬며 이렇게 대답했다.

"여보게, 늙은 친구! 설마 우리 집 형편을 모르고 하는 소린 아니겠지? 우리들의 생활이 당장 입에 풀칠할 걱정이야 없지만, 솔직히 우린 가진 게 아무것도 없잖아? 그런데 뉘집 처자가 나 같은 놈한테 시집을 오려고 하겠어?"

늙은 소는 그의 말에 수긍하지 않으면서 낙관적인 어조로 이렇게 말했다.

"사람이란 자기 자신을 너무 과대평가해서도 안 되지만 그렇다고 자신을 너무 과소평가를 해서도 안 되는 법이야. 자신감을 가지렴! 내가 가르쳐 주는 대로만 따라하면, 당장 네 각시가 되겠다는 처자가 꼭 나타날 테니까 말이야."

우랑(牛郎)은 늙은 소의 말이라면 무슨 일이든지 따랐다.

늙은 소는 서서히 말을 이었다.

"하늘에 있는 궁전에 여섯 명의 선녀들이 살고 있는데, 그 선녀들이 내일 점심 때가 되면 은하수 북쪽에 있는 연못에 가서 목욕을 하게 될 거야. 그중에서 나이가 제일 어린 선녀가 가장 똑똑하고, 손재주도 좋고, 예쁘고, 마음씨도 곱단다. 그녀는 실도 뽑을 줄 알고, 베

도 짤 줄 알고, 밥도 지을 줄 알지. 게다가 중요한 건 고생을 두려워
하지 않는단 사실이야. 넌 그저 연못가 나무숲에 숨어서 선녀들이 물
속에 들어가 목욕하기만을 기다려. 그러다가 그녀의 옷을 슬쩍 가져
가 버리기만 하면 되는 거야. 그녀의 옷 색깔은 붉은색이니까 까먹지
말고……."

　때가 되자 선녀들이 속속 등장했다. 선녀들은 비단으로 된 옷을
훌훌 벗어던지고 맑은 물속으로 뛰쳐들어갔다. 우랑(牛郎)은 기회
를 엿보고 있다가 갈대밭에서 살짝 뛰어나와 옷들 중에서 붉은색 선
녀옷을 가져가 버렸다. 인기척이 나자 선녀들은 깜짝 놀라, 자신들의
옷을 꿰어입고 나는 새처럼 하늘로 날아가 버렸다. 옷을 잃고 홀로
남은 선녀는 다름 아닌 직녀(織女)였다. 그녀는 자신의 선녀옷을 돌
연 낯선 총각에게 빼앗긴 사실에, 부끄럽기도 하고 초조하기도 했지
만 어찌할 도리가 없었다. 그럴 즈음에 우랑(牛郎)이 그녀에게 다가
와 자신의 아내가 되어 달라고 구혼을 했다. 그 말을 들은 직녀(織女)
는 얼굴을 붉히며 할 수 없이 응락했다.

　우랑(牛郎)은 날마다 밭에 나가 밭을 갈고 농사를 지었고, 직녀
(織女)는 집에 남아 실을 뽑고 베를 짰다. 그들 부부는 서로 애틋하
게 사랑했다. 의식(衣食)도 부족함이 없었다. 아기자기하게 생활하
는 가운데, 그들의 집안은 행복으로 가득찼다.

　행복한 시간은 빠르게 지나 어느덧 5년의 세월이 흘렀다. 그 사이
직녀(織女)는 아들 하나와 딸 하나를 낳게 되었다. 아이들은 모두 총
명하고 귀여웠다. 직녀(織女)가 남편 우랑(牛郎)에게 행복한 얼굴로

말했다.

"인간 생활에는 인간 세상의 환락(歡樂)이 있네요. 저는 영원히 인간 세상에서 살면서 백발이 성성해질 때까지 당신과 같이 늙고 싶어요."

그 말을 들은 우랑(牛郞)은 기뻐서 어쩔 줄 몰라하면서 이렇게 말했다.

"늙은 소 덕분에 우리가 이처럼 행복 가득한 생활을 하게 되었구려. 우리 죽을 때까지 서로 아끼고 사랑하면서 헤어지지 맙시다."

이렇게 두 부부가 행복에 흠뻑 젖어 있을 무렵, 은연중에 큰 재난(災難)이 싹터오르고 있었다.

직녀(織女)가 인간세계에 남아 우랑(牛郞)의 아내가 되었다는 소식을 들은 천제(天帝)와 왕모(王母)는, 노발대발하여 즉시 천병(天兵)과 천장(天將)[5]을 보내서 직녀(織女)를 하늘 궁전으로 잡아들인 뒤 죄를 묻게 하였다.

그날도 평상시와 같이 우랑(牛郞)은 밖에 나가 밭을 갈고, 두 아이들은 밖에서 장난을 치고, 직녀(織女)는 베틀 앞에 앉아 비단을 짜고 있었다. 그런데 갑자기 한 무리의 천병(天兵)과 천장(天將)이 직녀(織女)가 있는 곳으로 난입하여 다짜고짜 그녀를 하늘 궁전으로 압송해 가려고 했다. 직녀(織女)는 이것이 피할 수 없는 재난이란 사실을 잘 알고 있었는지라, 이렇게 말했다.

"애들과 애들 아빠를 잠시만 보고 갈 수 있게 해 주세요."

---

5 하늘 나라의 군사와 장수.

그러나 신장(神將)⁶은 그녀의 간절한 부탁을 무시하고 그녀를 데리고 하늘 궁전으로 돌아가 버리고 말았다.

우랑(牛郎)이 집에 돌아와 보니, 아내는 보이질 않고 집 안엔 두 아이의 울음소리만 가득했다. 그는 이곳저곳 샅샅이 아내를 찾아 보았다. 그러나 아내는 그림자도 보이질 않았다. 급히 아이들에게, '엄마가 어디에 갔느냐'고 물어 보았지만, 아이들은 더 크게 울음을 울 뿐이었다. 우랑(牛郎)은 황급히 외양간으로 갔다. 그러자 늙은 소가 말하길, 직녀(織女)와 우랑(牛郎)의 소식을 전해 들은 천제(天帝)가 천병(天兵)과 천장(天將)을 보내 직녀(織女)를 하늘 궁전으로 압송해 갔다고 했다.

이 말은 들은 우랑(牛郎)은 한없이 비통했다. 그는 즉시 멜대⁷ 하나와 광주리 두 개를 가져다가 광주리 안에 아이들을 태운 뒤, 광주리를 메고 뒤쫓기 시작했다. 두 아이를 메고 가는 그의 걸음은 무겁기만 했다. 그렇지만 은하수만 건너면 하늘 궁전에 닿을 수 있으리라는 믿음을 버리지 않았다. 하물며 아내를 찾지 못할 수도 있음에랴? 그런데 그가 멜대를 메고 천신만고(千辛萬苦) 끝에 은하수에 도달했을 때, 돌연 은하수가 송두리째 사라지고 없는 것이었다. 이는 원래 우랑(牛郎)이 은하수를 건너올까 두려워, 왕모(王母)가 은하수의 일을 맡아서 하고 있는 천신(天神)에게 은하수를 천상(天上)으로 옮겨 버리라고 명령을 내렸기 때문이었다. 이 때문에 은하수에 접근할 수

---

6 귀신 가운데 무력을 맡은 장수신. 사방의 잡귀나 악신을 몰아낸다.
7 물건을 양쪽 끝에 달아서 어깨에 메는 데 쓰는 긴 나무나 대.

기기묘묘한 중국의 옛이야기

없게 된 우랑(牛郎)은 더 이상 식녀(織女)를 뒤쫓을 방법이 없게 되었다. 하는 수 없이 우랑(牛郎)은 두 아이들을 메고 자신의 집으로 되돌아가 다른 방도를 찾아보기로 했다.

집에 돌아와서 베틀 위에 짜다 만 비단을 본 우랑(牛郎)은 문득 직녀(織女)가 다시는 못 돌아오리라는 생각을 했다. 아이들은 계속 울부짖으며 엄마만 찾고 있었다. 아이들의 울음소리를 들을 때마다, 우랑(牛郎)의 마음은 찢어질 듯이 괴로웠다.

우랑(牛郎)과 두 아이의 서럽게 우는 모습을 지켜보고 있던 늙은 소가 이렇게 말했다.

"우랑(牛郎)아, 네가 날 돌보아준 지도 벌써 오래됐구나. 나의 수명도 이제 다 된 것 같다. 내가 죽으면 잊지 말고 내 가죽을 네 몸에 덮어쓰렴. 그러면 하늘 나라로 올라갈 수 있을 거야."

말을 마치자 늙은 소는 눈을 감고 죽고 말았다. 우랑(牛郎)은 늙은 소가 지시한 대로 소가죽을 몸에 덮어썼다. 그러자 과연 몸이 두둥실 떠오르기 시작했다. 이윽고 우랑(牛郎)은 아이들을 메고 소가죽을 덮어쓴 후 직녀(織女)를 찾아나섰다.

하늘에 떠올라 수많은 별 사이를 헤집고 전진한 지 얼마 안 되어, 눈에 익은 은하수의 모습이 눈앞에 펼쳐치고, 강 건너 직녀(織女)의 모습까지 거의 또렷이 보일 정도가 되었다. 우랑(牛郎)은 매우 기뻤다. 광주리 안에 앉아 있는 아이들은 그보다 훨씬 더 신바람이 나서, 조그만 손을 연신 흔들며 엄마를 불러댔다. 은하수 건너편에서 남편과 두 아이들이 오고 있는 걸 본 직녀(織女) 또한 감격하며, 손을 뻗어 그들과 인사를 했다.

그러나 누구도 예기치 못한 일이 터지고야 말았다. 우랑(牛郎)이 은하수가에 다다라 강을 막 건너려고 하는 순간, 갑자기 어떤 무형(無形)의 물체가 우랑(牛郎)의 갈 길을 가로막는 것이었다. 원래 이 것은 우랑(牛郎)이 쫓아오는 것을 본 왕모(王母)가 그가 말썽을 피울 것이 두려워, 머리에 꽂은 은비녀를 뽑아서 은하수 중앙을 향해 내리 그음으로써 삽시간에 은하수를 건널 수 없는 하늘 강으로 만들고 만 까닭이었다.

이때부터 우랑(牛郎)은 하늘 강 이편에서 우두커니 바라다 보기만 하는 신세가 되고, 직녀(織女) 또한 하릴없이 하늘 강 저편에서 손을 흔드는 신세가 되고 말았다. 두 사람은 피차 몹시도 그리움을 토로(吐露)하고 싶었으나, 너무도 멀리 떨어져 있었는지라 잘 들리질 않았다. 그래서 그들은 마침내 좋은 꾀를 하나 생각해 냈다. 우랑(牛郎)은 자신이 쓴 편지를 소 채찍 위에 묶어서 저쪽에 던져주었고, 직녀(織女)는 자신의 편지를 베틀의 북[8] 속에 넣어서 은하수 건너편으로 던져주었다.

직녀(織女)는 은하수 건너편의 우랑(牛郎)과 아들딸을 바라보면서 목메어 울었다. 우랑(牛郎)과 아이들도 직녀(織女)를 보면서 비통하게 울었다. "엄마, 엄마!!" 하고 우는 그 울음소리는 듣는 이들의 가슴을 후벼팠다. 이 때문에 곁에서 구경하던 선녀들이나 천신(天神)

---

8 베틀에서 날실의 틈으로 왔다 갔다 하면서 씨실을 푸는 기구. 베를 짜는 데 중요한 역할을 하며, 배 모양으로 생겼다.

기기묘묘한 중국의 옛이야기

들조차도 마음이 아프고 괴로웠다. 이러한 성경(情景)을 본 왕모(王母)는 가엾은 생각이 들어서, 우랑(牛郞)과 아이들이 하늘나라에 머무는 데 동의하고, 또 그들이 매년 7월 초이렛날[9]에 만날 수 있도록 허락해 주었다.

이때부터 우랑(牛郞)과 아이들은 하늘나라에 머물면서 은하수를 사이에 두고 직녀(織女)와 서로 바라보게 되었다. 그래서 오늘날까지도 가을밤 밤하늘의 무수한 별들 사이에서, 은하수 양쪽에 아주 밝게 빛나는 두 별들을 볼 수가 있으니, 그게 바로 견우성(牽牛星)과 직녀성(織女星)이라는 것이다. 그리고 견우성 앞뒤에는, 견우성과 직선을 이루며 각각 조그만 별들이 하나씩 놓여 있는데, 그 두 작은 별들은 당연히 우랑(牛郞)이 어깨 위에 메고 있는 아이들이다. 또 견우성과 약간 멀리 떨어져 있는 곳에 네 개의 별들이 평행사변형을 이루고 있는데, 전(傳)하는 말에 의하면 이것은 직녀(織女)가 우랑(牛郞)에게 던져준 '베틀의 북'이라고 한다. 그리고 직녀성과 멀지 않은 곳에 별 세 개가 이등변삼각형의 모습을 하고 있는데, 이것은 당연히 우랑(牛郞)이 직녀(織女)에게 던져준 '소 채찍'이라고 한다.

매년 음력 7월 초이렛날이면 까치들이 수도 없이 몰려와서 은하수를 가로지르는 까치다리를 가설(架設)하게 된다. 그러면 견우와 직녀(織女)의 일가족은 가설된 까치다리 위에서 서로 만난다. 이날이 되면 인간세계의 많은 곳에는 가랑비가 내리기 시작하는데, 전설에 따르면 이 비는 바로 우랑(牛郞)과 직녀(織女)의 눈물이라고 한

---

9 매달 초하룻날부터 헤아려 일곱째 되는 날을 말함. 7일.

다. 전하는 바에 따르면 포도시렁 밑에서 가만히 듣고 있으면, 선악(仙樂)[10]이 울려퍼지는 소리와, 직녀(織女)와 우랑(牛郞)의 정담(情談)을 들을 수 있다고 한다. 시집 안 간 아가씨들은 서로 약속을 정해서 달밤에 꽃 밑에서 만나, 고개를 쳐들고 별이 총총한 밤하늘을 바라보며 은하수 양 편에 있는 견우성과 직녀성을 찾는다. 그리고 자신도 직녀(織女)처럼 똑똑하고 손재주가 있게 해달라고 빌고, 자신도 자신의 뜻에 맞는 아름답고 원만한 혼인을 할 수 있게 해 달라고 빈다. 이것이 바로 '칠석 걸교절(七夕乞巧節)[11]'의 내력(來歷)이다.

---

10 신선들의 풍악.
11 음력 칠월 칠석날 밤에 직녀성에게 수놓기와 바느질을 잘할 수 있도록 해 달라고 기원하던 풍속.

기기묘묘한 중국의 옛이야기

맹강녀

孟姜女

　전설(傳說)에 따르면, 진(秦)나라 시절에 맹(孟)씨 성을 가진 노인과 강(姜)씨 성을 가진 노인이 벽 하나를 사이에 두고 서로 이웃에 살고 있었다. 어느 해 봄날, 맹씨 성을 가진 노인은 자기 집 마당에다 호리병박 씨를 하나 심어 놓고 날이면 날마다 물도 주고 비료도 주면서 정성껏 키웠다. 호리병박의 싹은 하루가 다르게 자라만 갔고, 마침내 담장을 넘어 강(姜) 노인의 마당에까지 뻗어나가 그곳에 커다란 호리병박 하나가 열렸다. 그런데 그 무게가 자그마치 수십 근(斤)에 다다랐다고 한다.

　강(姜) 노인은 호리병박이 다 익기를 기다렸다가 칼로 호리병박을 둘로 쪼갰다. 그랬더니 놀랍게도 그 속에는 희고 포동포동한 귀여운 여자아이가 드러누워 있는 것이 아닌가? 일이 이쯤 되자, 맹 노인과 강 노인 사이에는 분쟁이 일어나게 되었다. 두 노인은 저마다 그 여자아이가 자신의 것이라고 우겨대면서 사흘낮 사흘밤을 싸웠다. 그러자 마을 사람들이 중재(仲裁)에 나섰다. 이렇게 하여 그 여자아이는 결국 양가(兩家)의 소유가 되었고, 두 집에서 번갈아 가면서 거주하게 되었다. 그리고 그 이름도 또한 '맹강녀(孟姜女)'라고 불리우게 되었다.

세월은 빠르게 흘러 맹강녀(孟姜女)도 어느덧 어른이 되었다. 원근(遠近)의 마을 사람들치고 맹강녀(孟姜女)가 마음씨 좋고, 해박(該博)하고, 음률(音律)과 그림과 문장에 모두 달통(達通)한 훌륭한 여자아이라는 사실을 모르는 사람들이 없을 정도가 되었다.

이 무렵, 진시황(秦始皇)[1]이 때마침 각지의 장정(壯丁)들을 강제로 징집(徵集)하여 장성(長城)을 건축하고 있었는데 만희량(万喜良)이라는 서생(書生)이 너무 무서워 집에서 도망쳐 나왔다. 입이 바짝바짝 마를 정도로 전력질주를 하다가 바야흐로 물을 찾고 있을 즈음,

---

1 진시황(秦始皇, B.C. 259~B.C. 210). 시황(始皇). 중국 진(秦)나라의 초대 황제(黃帝). 이름은 정(政). 장양왕(將養王)의 아들. 기원전 246년 13세 때에 진왕(辰王)이 되어 기원전(紀元前) 233~221년에 동방 여러 나라를 평정하고 천하를 통일, 스스로 시황제라 칭했다. 주(周)나라의 봉건제도를 폐하고, 군현(郡縣)제도(制度)를 실시했으며, 화폐·도량형(度量衡)·문자·물품의 규격 통일, 무기의 몰수, 사상 통일을 위한 분서갱유(焚書坑儒)를 실시하는 등 중앙 집권의 확립에 힘썼다. 시황제 35(B.C. 212)년에 지금의 섬서성 장안현의 서북 위수(衛戍)의 남쪽에 아방궁(阿房宮)을 화려하게 지었다. 흉노(匈奴)를 치고, 만리 장성(萬里長城)을 쌓았으며, 지금의 베트남 지방까지 영토를 넓혀 동아시아 사상(史上) 최초의 대 제국(帝國)을 건설했다.

기기묘묘한 중국의 옛이야기

갑자기 시끄럽게 떠드는 인마(人馬) 소리가 들려왔다. 보니까 아니나 다를까 사람을 붙들어가고 있는 소리였다. 이제는 더 이상 도망가기도 어려울 것 같고 해서 옆에 있는 담장을 뛰어넘어 들어갔는데, 떨어진 그곳이 공교롭게도 맹씨 집 후원(後園)이었다. 그러다가 마침 그곳에 산책을 나와 있던 맹강녀(孟姜女)와 시녀(侍女)를 마주치게 되었다. 맹강녀(孟姜女)는 수세미꽃 시렁 밑에 숨어 있는 이 남자를 보고 깜짝 놀라서 하마터면 소리를 지를 뻔했다. 만희량(万喜良)은 급히 헤집고 밖으로 나와서 다가가 절을 하며 애원했다.

"아가씨, 소리 지르지 마시오. 내가 그러려고 그런게 아니라 어려움을 피해서 여기 오게 된 것이니, 제발 날 좀 도와 주시오."

맹강녀(孟姜女)는 앞에 있는 이 백면서생(白面書生)의 모습이 참 준수하다고 생각하며, 시녀와 함께 들어가서 이 사실을 말씀드렸다. 잠시 후 맹 노인이 서둘러 화원(花園)으로 나와 만희량(万喜良)에게 집과 이름을 물은 뒤, 어쩌다가 이런 곤경에 처하게 되었는지 자세히 물었다. 만희량(万喜良)은 이것저것 숨김없이 대답을 했다. 맹 노인은 그의 성실함과 예의 바름을 보고, 잠시 동안 자신의 집에서 숨어 지내는 것을 허락해 주었다. 같이 있는 동안, 그의 인물이 훌륭함을 확인한 맹 노인 부부는 딸과 상의해서 그를 사위로 맞아들이기로 했다. 만희량(万喜良)도 즉각 답을 해주어서 혼사가 순조롭게 이루어지게 되었다. 길일을 택하고 가까운 친구들을 불러 술자리를 마련한 뒤 한바탕 즐거운 하루를 보냈다. 그러나 호사다마(好事多魔)라 하지 않던가? 젊은 부부가 성친(成親)한 지 며칠 되지 않아서, 갑자기 관아(官衙)에서 나온 사람들이 집 안에 난입하여 다짜고짜 만희량(万喜良)을 잡아가 버렸다.

이번 길이 결코 순탄치 못하리라는 사실을 잘 알고 있으면서도, 맹강녀(孟姜女)는 하루 종일 만희량(万喜良)이 돌아오기만을 기다렸다. 그러나 사람은커녕 편지조차도 없는 것이었다. 도무지 마음이 놓이지 않은 맹강녀(孟姜女)는 며칠 밤을 꼬박 새워가며 급히 남편에게 줄 솜옷을 만들었다. 직접 장성(長城)으로 남편을 찾아갈 요량이었다. 그녀의 이러한 결심이 요지부동임을 본 집안사람들은 그녀를 말릴 도리가 없었다. 두 노인들에게 작별 인사를 끝낸 맹강녀(孟姜女)는 그 길로 곧장 북쪽을 향했다. 첩첩이 가로막힌 산을 넘고 또 넘고, 겹겹이 둘러막힌 대하(大河)를 건너고 또 건너 남편을 찾아 나섰다.

배가 고프면 가지고 온 차가운 찐빵을 뜯어 먹고, 목이 마르면 강변에 엎드려 차가운 물을 마셨으며, 피곤하면 길가에 앉아 아픈 다리를 쉬었다. 며칠 동안이나 걸었을까, 그녀는 나무를 하고 있는 백발 노인을 만나서 물었다.

"장성(長城)까지 가려면 얼마나 더 가야 됩니까?"

"아직도 한참을 더 가야 유주(幽州)라는 곳에 닿게 되는데, 그 유주(幽州)라는 곳 북쪽이 바로 장성(長城)이지."

그렇게 멀리 떨어져 있다는 소리를 듣자, 맹강녀(孟姜女)는 마음속으로 이렇게 말했다.

'장성(長城)이 하늘 끝에 있다고 해도, 기어이 내 남편을 찾고야

기기묘묘한 중국의 옛이야기

말거야.'

　바람이 불고 비가 와도 개의치 않고, 맹강녀(孟姜女)는 꿋꿋이 앞으로 나아갔다. 어느 날 저녁 무렵, 그녀는 인적이 드문 황량한 들판에 다다랐다. 보았더니 멀지 않은 곳에 다 쓰러져 가는 절간이 하나 보였다. 하룻밤 묵어갈 요량으로 가 보았더니, 다행히 꽤 큰 절간이었다. 다만 사람의 가슴까지 자란 풀과 얼굴이 험상궂은 신상(神像)이, 보는 이의 마음을 당혹스럽게 만들었다. 그러나 그녀는 너무도 지쳤는지라, 그런 것엔 아랑곳하지 않고 한 모퉁이에 쓰러져 깊은 잠에 빠지고 말았다. 꿈 속에서 그녀는 남편과 함께 책을 보고 있었다. 그런데 갑자기 대문을 세차게 두드리는 소리가 나는가 싶더니, 관아의 나졸들이 우르르 몰려 들어오는 것이었다. 그녀는 깜짝 놀라 잠에서 깨어났다. 주위를 둘러 보니 절간의 부서진 문틈 사이로 바람만 새어 들어오고 있었다. 날이 희미하게 밝아오고 있음을 본 그녀는 행낭을 들쳐 메고 또다시 발길을 재촉했다.

　그날 지칠 대로 지친 그녀는 마침내 쓰러지고야 말았다. 정신을 차리고 보니, 자신은 낯선 농가의 방 아랫목에 누워 있고, 어떤 나이 지긋한 아주머니가 밀가루 반죽을 얇게 밀고 생강차를 우려내서, 그녀를 급히 병 구환하고 있었다. 온몸에 땀이 주룩 흐르는가 싶더니 기분이 한결 좋아진 그녀는, 혼신의 힘을 다해 자리에서 일어나 길을 떠나려고 했다. 그러자 늙은 아주머니가 눈물을 글썽이면서 그녀를 말렸다.

　"애야, 네 발을 좀 보렴. 온통 피멍으로 만신창이가 되지 않았니?

게다가 온몸이 불덩이 같은데, 내가 널 어떻게 그대로 보내겠니!?"

그녀는 어쩔 수 없이 그 집에서 이틀을 머문 뒤, 채 병이 다 낫기도 전에 길을 재촉했다. 나이 지긋한 아주머니는 눈물을 훔치며 되뇌었다.

"정말 더할 나위 없는 며느리로구먼. 천지신령(天地神靈)이시여, 자비를 베푸사, 천하의 모든 부부가 한데 모일 수 있게 하여 주소서."

지성(至誠)이면 감천(感天)이라고 했던가? 맹강녀(孟姜女)는 마침내 장성(長城)을 구축(構築)하는 현장에 도착했다. 그녀는 장성을 구축하고 있는 노무자(勞務者)들에게 이렇게 물었다.

"혹시 만희량(万喜良)이라는 사람이 어디에 있는지 아세요?"

그러나 물어 보는 사람들마다 다 모른다고 했다. 이렇게 묻기를 얼마나 했을까, 그녀는 겨우겨우 마음씨 좋은 노무자의 도움을 받아 만희량(万喜良)과 함께 일하는 노무자들을 찾아내게 되었다. 맹강녀(孟姜女)가 물었다.

"여러 오라버니들은 만희량(万喜良)과 같이 일하는 분들이신가요?"

"그렇소만."

맹강녀(孟姜女)는 흥분된 마음을 가라앉히며 계속 물었다.

"그럼, 만희량(万喜良)은요?"

모두들 서로서로의 얼굴만 쳐다볼 뿐, 눈물을 글썽인 채 말을 꺼내질 못했다.

이 모습을 본 맹강녀(孟姜女)의 가슴은 '쿵' 하고 무너지는 것만 같았다. 그녀는 정색을 하면서 다시 물었다.

기기묘묘한 중국의 옛이야기

"제발 빨리 좀 가르쳐 주세요. 만희량(万喜良)은요?"

더 이상 감출 수 없음을 알게 된 사람들은 어물어물하면서 이렇게 대답했다.

"만희량(万喜良)은⋯⋯지난 달쯤⋯⋯그만⋯⋯과로(過勞)와 영양실조(營養失調)로⋯⋯죽고 말았다우."

"네?! 그럼, 시신은요?"

"음. 죽은 사람들이 너무 많아서 묻을 곳조차 없었지. 그래서 작업 반장의 분부로 우리들이 장성(長城) 안에다가 묻어 버렸다우!"

말이 끝나기가 무섭게 맹강녀(孟姜女)는 손바닥으로 장성을 치며 통곡하기 시작했다. 거기 있는 노무자들은 모두 눈물만 흘릴 뿐이었다. 맹강녀(孟姜女)의 통곡은 어둠이 깔릴 때까지 그칠 줄을 몰랐다. 바로 그때, 그녀의 통곡 소리 속에 섞여 '우르르' 하는, 마치 하늘이 무너지고 땅이 꺼지는 듯한 굉음(轟音)이 들리더니 장성의 커다란 한쪽 구간이 무너져 내렸다. 그리고 그 속에서 수북한 인골(人骨) 무더기가 밖으로 드러났다. 하지만 그 하고많은 인골 중에서 남편의 인골을 그 어디에서 찾을 것인가? 그러나 맹강녀(孟姜女)는 자신이 남편에게 직접 지어준 옷을 실마리로 손쉽게 남편의 유골을 찾아 꺼내게 한 뒤, 남편의 유골을 지키면서 까무러칠 정도로 구슬프게 울었다.

그녀가 슬퍼하고 있을 바로 그 무렵, 때마침 진시황이 한 무리의 인마(人馬)를 이끌고 이곳을 지나치다가, 맹강녀(孟姜女)의 통곡 소리에 장성이 무너졌다는 소식을 듣게 되었다. 그 소식을 듣고 화가 머리끝까지 치밀어 오른 그는 전군(全軍)을 이끌고 산 밑에 당도하여 친히 맹강녀(孟姜女)를 처형하기로 했다. 그러나 미목이 수려한 젊고 아름다운 맹강녀(孟姜女)를 목전에 보게 되자, 그는 저도 모르게 그녀를 빼앗고자 하는 생각을 갖게 되었다. 그러나 맹강녀(孟姜女)가 과연 그의 뜻에 따를지 어떨지는 의문이었다.

진시황은 일이 어렵다고 쉽게 물러날 사람이 아니었다. 그는 즉시 늙은 할미 몇몇과 중서령(中書令) 조고(趙高)를 시켜서 봉관하피(鳳冠霞帔)²를 가지고 가서 달래 보게 했다. 그러나 맹강녀(孟姜女)는 죽음을 무릅쓰고 따르지 않았다. 진시황은 자신이 직접 그녀를 만나보기로 했다. 진시황을 보자 맹강녀(孟姜女)는 분통이 터져서, 이 극악무도한 임금 앞에서 머리를 찧어 죽고만 싶었다. 그러나 다시 생각을 해보니 아직 남편의 원수도 채 갚지 못했을 뿐더러 저기 산더미처럼 쌓인 백골들을 어찌 저런 식으로 원사(冤死)하도록 내버려 둘 것인가!

맹강녀(孟姜女)가 말이 없자, 진시황은 그녀가 승낙한 것으로 생각하고 기뻐하면서 이렇게 말했다.

"네가 말만 하면, 금으로 된 산(山)이나 은으로 된 산(山)이라 하더라도 다 들어줄 것이니, 어서 말을 해 보거라."

맹강녀(孟姜女)는 한참 생각을 하더니, 이렇게 말했다.

"저는 금산(金山)도 필요 없고, 은산(銀山)도 필요 없습니다. 그

---

2 (옛날 황후와 후궁 또는 귀부인들이 쓰던) 봉황 장식을 한 관(冠)에 아름다운 수(繡)를 놓은 술. 여인의 예장(禮裝).

기기묘묘한 중국의 옛이야기

대신 저의 요구를 세 가지만 들어 주십시오!"

진시황은 미소를 지으며 말했다.

"세 가지가 아니라 삼십 가지라도 다 들어줄 테니 말해 보거라!"

"첫 번째 요구는, 제 남편에게 비석을 세워 주시고, 분묘(墳墓)를 만들어 주십시오."

"좋아, 알겠다. 그럼, 두 번째는 무엇이냐?"

"두 번째는 제 남편을 위해 피마대효(披麻戴孝)[3] 하고 타번포관 (打幡抱罐)[4] 하신 후, 영구(靈柩) 실은 수레를 따라 가시되, 문무백관 (文武百官)을 거느리고 장사(葬事)를 지내주시기 바랍니다."

진시황이 이런 요구를 들어줄 리 만무했다. 진시황이 급히 말했다.

"있을 수 없는 일이다! 내가 위풍당당한 황제의 몸으로 어찌 일개 소민(小民)을 위해 장사를 지낸단 말이냐! 세 번째 요구를 말해 보거라!"

맹강녀(孟姜女)가 말했다.

"두 번째 요구를 들어주지 못하시겠다면, 세 번째 요구는 없습니다."

맹강녀(孟姜女)의 태도가 확고함을 본 진시황은, 할 수 없이 그 요구를 들어주기로 했다. 맹강녀(孟姜女)는 다시 말을 이었다.

"세 번째 요구는, 사흘 동안 바다 구경을 하고 싶습니다."

---

3 부모의 상을 당한 자가 상복을 입고 허리에는 삼끈을 매던 일.

4 타번포관(打幡抱罐)은 장사를 지내는 습속으로서, 죽은 자의 거상(居喪) 중인 아들이 한 손에다는 초 혼(招魂)하는 기(旗)를 들고 한 손에다는 질항아리를 들고서 호곡(號哭)하던 일을 말한다. 타번포관 (打幡抱罐)은 대(代)를 이을 사람만이 할 수가 있었다.

진시황이 껄껄 웃으며 말했다.

"그거야 식은 죽 먹기지. 모두 네 말대로 하마."

진시황은 즉각 사람을 보내서, 만희량(万喜良)의 비석을 세우고 분묘를 닦고, 상복(喪服) 등의 물건들을 준비하도록 명령했다. 장사(葬事) 당일날, 만희량(万喜良)의 영구를 실은 수레가 앞서 가고, 진시황은 피마대효(披麻戴孝)의 차림으로 그 뒤를 바짝 좇아 가는데, 그 모습이 흡사 상제(喪制)와도 같았다. 장례가 끝나자, 맹강녀(孟姜女)가 진시황에게 말했다.

"바다로 유람을 가실까요?"

진시황은 기뻐서 어쩔 줄 몰랐다. 그러나 그가 기뻐서 어쩔 줄을 모르고 있는 사이에, 갑자기 '풍덩' 하는 소리가 나더니, 맹강녀(孟姜女)는 바다로 뛰어들고 말았다.

진시황은 급히 소리를 질렀다.

"여봐라! 빨리 바다에 들어가서 맹강녀(孟姜女)를 끌어내오도록 해라!"

그러나 구조대는 바다에 들어가자마자 커다란 파도에 휩쓸려 전복되고 말았다. 이 큰 파도는 우연히 나타난 게 아니라, 다 연유(緣由)가 있는 것이었다. 처음부터 맹강녀(孟姜女)의 처지를 매우 동정하고 있었던 용왕과 용왕의 딸은, 그녀가 바다로 뛰어드는 걸 보자 황급히 그녀를 용궁으로 맞아들였다. 그리고 뒤이어 하병(蝦兵)과 해장(蟹將)[5]을 보내서 거대한 파도를 용솟음치게 했다. 운좋게 신속

---

5 '蝦'는 새우, '蟹'는 게로서, 신화·전설 속의 용왕(龍王)의 장병들을 말한다.

기기묘묘한 중국의 옛이야기

히 달아났으니까 망정이지, 그렇지 않았더라면 진시황도 함께 바닷
속으로 휩쓸려 들어갈 뻔했다.

맹강녀(孟姜女)가 장성(長城)에서 통곡한 고사(故事)는, 급속히
사람들에게 퍼져 나가 널리 칭송되었다. 그녀의 사적(事跡)을 기념
하기 위해, 사람들은 산해관(山海關) 부근에 있는 산꼭대기에다 그
녀의 분묘를 만들어주고, 사당을 지은 뒤 '강녀묘(姜女廟)'라고 이름
하였다.

여와, 하늘을 깁다

女媧 補天

　　전설에 따르면, 반고(盤古)는 천지가 개벽할 적에 자신의 신체를 이용하여 해와 달과 별과 산천초목(山川草木)을 만듦으로써, 혼돈(混沌)의 세계에 생기를 불어넣었다. 그 뒤 반고(盤古)가 세상을 떠나자, 인류의 시조(始祖)인 여와(女媧)가 출현했다. 전설에 따르면 여와(女媧)는 홀로 들판을 걷다가 구불구불 기복이 있는 산들과 무성한 꽃과 나무들, 그리고 끊임없이 흐르는 시냇물을 보면서, 이 세상이 아름답긴 하지만 왠지 고독과 적막에 싸여 있다고 생각했다. 여와(女媧)는 시냇가에 우울하게 앉아서 끊임없이 자신에게 되물었다.

　　'어떻게 하면 이 고독감을 없앨 수 있을까?'

그때 갑자기 꽃잎 하나가 맑은 시냇물 위로 떨어져 내렸다. 그러자 고요한 시냇물이 갑자기 동글동글 작은 파문을 일으키며 본래 있던 고요함을 깨뜨리는 것이었다. 이 광경을 보자 여와(女媧)의 가슴은 두근거리기 시작했다.

'그래, 맞아. 바로 생물(生物)이야! 생물이 있으면 이 세상은 왁자지껄해질 것이고, 그때부터는 고독이나 적막도 사라지게 될 거야.'

여기에 생각이 미치자, 여와(女媧)는 곧바로 생물을 만들기로 결심했다.

그녀는 바삐 작업에 들어갔다. 1월 초하룻날에 그녀는 닭을 만들어냈다. 그리고 초이튿날에는 개, 초사흗날에는 양, 초나흗날에는 돼지…… 초이렛날이 되던 날, 여와(女媧)는 황토와 물을 이용해서 커다란 진흙 덩어리를 만들었다. 그런 다음 자신의 모습을 본떠서 작은 진흙 인간을 빚었다. 진흙 인간을 땅 위에 올려 놓자, 진흙 인간이 놀랍게도 살아 움직이기 시작했다. 그리고 여와(女媧)에게 재잘재잘 말을 걸어오는 것이었다. 여와(女媧)는 너무 기쁜 나머지, 수많은 진흙 인간들을 줄줄이 만들어냈고, 그에 따라 세상은 북적거리기 시작했다. 그러나 이 세상은 한량없이 큰데 지금처럼 하나씩 만들어내어서는 너무도 느리고, 너무도 피곤한 일이었다. 그래서 그녀는 땅바닥에 굴러다니는 새끼줄 하나를 주워다가 흙탕물에 적셔서, 황토에 대고 마구 휘둘렀다. 그러자 크고 작은 진흙 덩어리가 사방으로 흩어져 땅에 떨어지더니, 금새 크고 작은 사람들로 변했다. 여와(女媧)는 그녀의 새로운 방법이 손쉬울 뿐만 아니라 신속함을 발견하고, 새끼줄

기기묘묘한 중국의 옛이야기

을 힘껏 휘둘러대었다. 그러다 보니 세상 곳곳에 사람들이 빼꼭히 들어차게 되었다. 자신이 만든 사람들을 흐뭇한 미소를 띠고 바라보고 있노라니, 그녀의 마음속에 있던 고독감이나 적막함도 씻은 듯이 없어져 버리고 말았다. 그녀는 허리를 펴고 등을 두들기면서, 자신이 만든 인간들이 대체 어떻게 살고 있는지 사방을 돌아다니며 둘러볼 계획을 세웠다.

하루는 한 곳에 도달을 했는데, 그곳에서는 도무지 사람들의 웃음소리라곤 찾아볼 수가 없었다. 이상한 생각이 들어 자세히 살펴보았더니, 사람들이 모두 땅 위에 드러누워 있는 것이 아닌가? 사람들을 불러 보았으나 뜻밖에도 아무런 반응이 없었다. 그래서 손으로 사람들을 건드려 보았다. 그러나 그런데도 꿈쩍도 하질 않았다. 본래이 사람들은 모두 늙어 죽은 사람들이었으니, 피부는 축 늘어지고 얼굴은 주름 투성이었으며, 머리는 모두 호호백발이었다. 그러자 여와(女媧)의 마음속에 갑자기 하나의 걱정이 밀려왔다.

'아, 원래 사람이란 늙고 쇠약해지는 존재구나! 그렇다면 내가 영원히 사람 만드는 고통을 감수해야만 한단 말인가? 어렵사리 사람을 만들어 놓으면 금방 죽어 버리니, 대체 어떻게 해야만 사람들을 길이 번성하게끔 할 수 있을까?'

이리저리 궁리를 해보던 여와(女媧)는 마침내 좋은 방법을 하나 생각해냈다. 사람을 남자와 여자, 둘로 나눠서 서로 짝을 지워줌으로써, 아들딸을 낳아 기르게 하고 자손을 번성시켜서 행복한 생활을 영위할 수 있게 하자는 생각이었다. 혼인제도란 바로 여와(女媧)가 창안한 것이다. 이 때문에 여와(女媧)는 사람들에게 '혼인의 여신'으로 불리우고 있다.

그러나 이렇듯 행복한 생활도 얼마 가지 못했다. 인류가 커다란 재난을 맞닥뜨리게 된 것이었다. 물의 신(神)인 공공(共工)과 불의 신(神)인 축융(祝融)이 서로 반목(反目)하고 싸우는 데서 사단(事端) 이 났다. 둘은 하늘에서부터 싸우기 시작하여 지상에서까지 치고 박고 싸우는 통에, 세상은 온통 소란스럽고 불안스럽기 짝이 없었다. 결국 축융(祝融)이 공공(共工)을 물리치게 되었다. 그러자 이에 격분한 공공은 자신의 머리를 서쪽 부주산(不周山)에 들이박고 말았다. 그 결과 부주산(不周山)이 무너지고, 부주산(不周山)이 무너지자 덩달아 하늘을 떠받치고 있던 큰 기둥도 절단났으며, 천궁(天宮)의 사면(四面) 또한 허물어져 내려서 하늘의 절반 정도가 붕괴되고 말았다. 결국 하늘에는 거대한 구멍이 생겨나게 되었고, 지진으로 인해 대지에도 수많은 균열들이 생기게 되었다. 하늘은 더 이상 만물을 덮어줄 수 없게 되었고, 땅 또한 만물을 지탱하기가 어렵게 되고 말았다. 엎친 데 덮친 격으로 이글이글 타오르는 매서운 불길은 균열된 틈새로 뿜어져 나와 집과 농작물들을 모두 태워 버렸으며, 쉴 새 없이 용솟음치는 홍수는 세차게 흘러 내려와 양안(兩岸)에 범람하기 시작했다. 또 땅 위의 다른 균열된 틈새로는, 지하에서 흐르는 물들이 끝없이 솟구쳐 나와, 대지는 온통 물에 잠기고 말았으며, 과거에 사람들이 생활하던 곳들은 모두 망망대해로 변하고 말았다. 더더욱 무시무시한 건, 그 틈을 이용해 포악한 야수들이 출몰해서 사람들을

기기묘묘한 중국의 옛이야기

해치고, 흉포한 맹금(猛禽)은 높은 공중에서 빙빙 맴돌면서 그 날카로운 발톱으로 도망가지 못하는 노인들과 어린아이들을 채어갈 기회만 호시탐탐 노리고 있다는 사실이었다.

인류는 무서운 재난 속으로 빠져들어갔다. 자신의 아이들이 깊은 물과 뜨거운 불구덩이 속에서 이리 뛰고 저리 뛰며 울부짖으며 갖은 고통을 당하고 있는 모습을 보자, 여와(女媧)는 고통스럽기 짝이 없었다. 그녀는 고통스럽게 눈물을 흘리며 무슨 일이 있어도 하늘을 꼭 수선(修繕)하고야 말겠다고 결심했다.

그리하여 여와(女媧)는 황하(黃河)변으로 갔다. 황하변에서 수많은 빨강, 노랑, 파랑, 하양, 검정 5종류의 돌멩이들을 주워 모은 다음, 화덕을 만들어 오색(五色)의 돌들을 화덕 속에 넣고 용해(鎔解)시키기 시작했다. 그리고 이 용해된 액체로 하늘에 난 구멍을 기우기 시작했다. 여와(女媧)는 쉬지 않고 깁고 또 기웠다. 이렇게 꼬박 아홉 날 낮, 아홉 날 밤을 소비하고서야, 하늘에 난 구멍을 완전히 깁게 되었다. 그러자 하늘가엔 오색찬연한 구름과 노을이 출현하게 되었고, 대지엔 날이 개게 되었다. 사람들은 환호했다. 그러자 여와(女媧)는 흐뭇한 미소를 지었다. 지금도 우리가 비 갠 뒤에 볼 수 있는 아름다운 노을은 그 당시 여와(女媧)가 오색 돌을 녹여서 만든 것이라고 한다.

하늘에 난 구멍을 모두 수선해서 이전보다도 훨씬 더 눈부시게 아름다워지긴 했지만, 그럼에도 불구하고 여와(女媧)는 아직도 안심이 되질 않았다. 그래서 그녀는 또다시 동해(東海)로 달려갔다. 그녀는 동해에서 일만 년 묵은 거북을 잡아다가 네 다리를 잘라낸 다음 그것으로 경천주(擎天柱)[1]를 만들어 대지(大地)의 네 모서리에다 받침으로써 천지(天地)의 사방(四方)을 단단하게 지탱시켰다. 계속해서 그녀는 다시 바람과 풍랑을 만들면서 좋은 일을 하지 않는 흑룡(黑龍)을 죽이고, 대량의 갈대를 태워서 재를 만든 뒤 그걸로 홍수가 범람하는 골을 메웠다. 이렇게 한 다음에야 여와(女媧)는 겨우 안도의 한숨을 쉬었다.

여와(女媧)가 한바탕 수고를 아끼지 않은 연후에야 천지간의 재앙은 마침내 끝이 나게 되었고, 흉악한 맹수와 맹금들도 모조리 죽임을 당하게 되었다. 그제서야 사람들은 재난에서 빠져나와 편안하게 생업을 즐기는 행복한 생활을 하게 되었다. 살아남은 금수와 벌레와 뱀들조차도 급히 발톱과 이빨, 독침을 숨기고, 온순한 모습으로 바뀌었다. 이 위대한 인류의 어머니는 마침내 인류를 구제하고, 그 위에 인류를 위해 행복한 생활환경을 재창조한 것이었다.

비록 이러한 재난은 지나갔을지라도 재난의 흔적은 남았다. 이때부터 하늘은 서북쪽으로 기울어, 오늘날 우리가 보는 태양과 달과 뭇 별들은 모두 자연스럽게 서쪽으로 움직이게 되었다. 그리고 대지 또한 동남쪽으로 주저앉은 까닭으로, 이때부터 강물은 동남쪽으로 흐르게 되었다. 그래서 옛 시에도 이런 말이 나온다. '동쪽으로 흐르는 도도(滔滔)한 봄 강물 같다(一江春水向東流)'.[2]

---

1 중국 전설에 나오는 곤륜산(昆侖山)의 하늘을 떠받치는 여덟 개 기둥.

2 李煜의 《虞美人》이라는 장단구 중에 나온다. "阿君能有几多愁? 恰似一江春水向东流(그대의 근심

　　　　　　　　　　　　기기묘묘한 중국의 옛이야기

인류는 여와(女媧)가 창조했고, 또 여와(女媧)가 구제했다. 그리하여 위로는 높은 하늘에서부터 아래로는 황천(黃泉)길에 이르기까지, 여와(女媧)의 위대한 공적은 영세토록 찬양받고 있는 것이다. 그녀의 눈부신 공적은 만물을 비추고, 그녀의 위대한 업적은 만세상의 존경과 흠모의 대상이 되고 있다. 전설에 따르면, 여와(女媧)가 탄 뇌거(雷車)[3]는 긴 날개를 가진 응룡(應龍)[4]이 끌었다고 하며, 곁에서는 푸른색을 띤 규룡(虯龍)[5]이 수레 끄는 것을 함께 도왔다고 한다. 여와(女媧)는 손에 이 세상에 둘도 없는 상서로운 보물을 들고, 그림을 배열해서 특별히 제작한 깔개 위에 앉았으며, 수레 위에는 금빛 찬란한 엷은 구름이 둘러져 있었다고 한다. 그리고 앞에서는 백룡(白龍)이 길을 열고, 뒤에는 하늘을 나는 다리 없는 등사(螣蛇)[6]가 뒤를 따랐다고 한다. 여와(女媧)는 뇌거(雷車)를 타고 다니면서 여기저기 구름 속에 떠다니는 귀신들이 구천(九天)[7]에 등록하는 것을 돕고, 뭇 신(神)들이 거주하는 영문(靈門)에도 출입하였으며, 천제(天帝)를 알현하기도 하였다. 그러나 여와(女媧)는 항상 단정한 용모로 위엄을 잃지 않은 채 그곳에 조용히 앉아, 일체 자신의 위대한 공적을 자랑하거나 자신의 명성을 선전하는 법이 없었다. 그리하여 사람들은 그녀를 친밀하게 '여와마마(女媧媽媽)'라고 이름 붙였다. 위대하

은 얼마나 되오? 흡사 동쪽으로 흘러가는 도도한 봄 강물 같다오"

3 번개와 벼락을 때리는 뇌신(雷神)의 수레.

4 응룡이란 날개가 달린 천 년 묵은 용을 말하고, 5백 년 묵은 용은 각룡이라고 하였다.

5 고대 전설 속의 양쪽에 뿔이 달린 작은 용.

6 고서에 나오는 하늘을 나는 뱀.

7 가장 높은 하늘.

고 마음씨 좋은 '여와마마(女媧媽媽)'는 사람들의 마음속에 영원토록 기억되게 된 것이다.

정위새, 동해 바다를 메우다

精衛塡海

　　전(傳)하는 바에 따르면, 염제(炎帝)[1]에게는 딸이 하나 있었다. 이름을 여왜(女娃)라고 했는데, 어찌나 사랑스럽고 귀엽든지 황제(黃帝)조차도 그녀를 한 번 보고는, 자신도 모르게 또 찾아가 칭찬했다. 염제(炎帝)는 그녀를 더욱더 장중보옥(掌中寶玉)처럼 여기며, 입에 넣으면 녹을세라 머리에 얹으면 떨어질세라 소중하게 키웠다.

---

1 염제(炎帝)는 중화민족의 시조 중의 하나다. 적제(赤帝), 열산씨(烈山氏)라고도 부르는데 지금으로부터 대략 4,000여 년 전 강수(姜水) 연안에서 살았다. 그는 황제(黃帝)와 연맹을 맺어 점진적으로 화하족(華夏族)을 형성시켜 나감으로써 지금의 염황(炎黃) 자손들이 있게 되었다고 전한다. 염제(炎帝)는 태양과 오곡과 약재를 주관하였다. 이 때문에 '神農'이라고도 불리우며 때로는 두 개의 이름을 합쳐 '神農炎帝'라고도 한다. 신농염제는 일이 많아서 매일 아침 일찍이 동해로 가서 태양이 떠오르는 것을 지휘하여 태양이 서산에 진 후에야 집에 돌아올 수 있었다고 한다.

아버지가 집에 없을 때면 여왜(女娃)는 집에서 혼자 놀았다. 오래 전부터 그녀는, 동해(東海)²에 가서 태양이 떠오르는 곳에 한번 가보는 것이 그녀의 가장 큰 소원이었다. 하지만 부친의 공사(公事)가 너무 바빴는지라 일이 자꾸만 지연되고 말았다. 어느 날 여왜(女娃)는 부친의 허락도 받지 않은 채, 혼자 몰래 작은 배를 타고 동해의 태양이 떠오르는 곳으로 노를 저어 갔다. 그때 갑자기 바다 위로 광풍(狂風)이 몰아치더니 큰 파도가 일었다. 작은 산만한 파도가 사납게 그녀가 탄 배를 전복시켰고, 가련한 여왜(女娃)는 그만 바다에 빠져 무정한 바다의 제물이 된 채, 영원한 불귀(不歸)의 몸이 되고 말았다. 딸을 잃고 실의에 빠진 염제(炎帝)는 하릴없이 가슴을 치고 발을 동동 구르며 통곡할 따름이었다.

죽은 여왜(女娃)의 넋은 아름다운 머리와 하얀 부리, 붉은 발톱을 가진 한 마리 작은 새로 변했다. 그리고 쉬지 않고 "찡웨이, 찡웨이" 하며 슬프게 울어댔다. 이런 까닭에 사람들은 이 새를 '정위새(精衛鳥, 찡웨이새)'라고 이름 붙였다.

정위새(精衛鳥)는 그녀의 젊은 생명을 빼앗은 바다를 원망스러워하면서 자신을 위해 복수하기로 결심했다. 그리하여 그녀는 잠시도 쉬지 않고 그녀가 살고 있는 발구산(發鳩山) 위에서 작은 돌멩이들을 물어서, 나래를 펼치고 높이높이 날아서 동해로 갔다. 그런 뒤 물결이 일렁이는 파도 속에다 물어온 돌멩이를 빠뜨렸다. 그리고 끊임없이 물 위를 빙빙 돌며 구슬프게 울었다. 그녀는 돌이든 나뭇가지든

---

2 우리나라의 서해, 즉 황해를 일컫는다.

기기묘묘한 중국의 옛이야기

닥치는 대로 던져 넣었다. 그렇게 하는 목적은 바로 바다를 평평하게 메우고자 하는 것이었다.

바다는 거칠게 일렁이고 포효하면서 눈 앞에서 펼쳐지는 정위새(精衛鳥)의 행동을 조소(嘲笑)하며 말했다.

"꼬마야, 이제 그만 두려무나. 네가 백만 년을 그렇게 한들, 날 다 메울 수 있을 것 같으니?"

정위새(精衛鳥)는 높은 하늘 위에서 단호한 어조로 대답했다.

"천만 년, 일억 년이 아니라, 우주가 다하고 세상에 종말이 올 때까지라도 내 기어이 널 메우고야 말겠다!"

"그런데 넌 날 왜 그렇게 원망하니?"

"네가 나의 젊은 생명을 앗아갔기 때문이지. 그리고 앞으로도 무수한 세월 속에서 더 많은 무고한 생명들을 앗아갈 것이기 때문이지. 내가 지치지만 않는다면 언젠가는 널 메워서 평지로 만들 날이 반드시 오고야 말 거야. 어디 한번 두고 보렴."

정위새(精衛鳥)는 높이높이 날아올랐다. 그리고 울면서 바다를 떠나 발구산(發鳩山)에 다시 돌아온 뒤, 또다시 돌멩이며 나뭇가지를 물어갔다. 이렇게 그녀는 끊임없이 물고 던지고 하면서, 날이 가고 해가 가도 도무지 그칠 줄을 몰랐다. 그때 바닷제비 한 마리가 동해를 날아서 지나치다가 정위새(精衛鳥)를 보게 되었다. 바닷제비는 처음에는 그녀의 행동을 도무지 이해를 못하다가 자세한 사정과 경위를 알고 나서부터는 정위새(精衛鳥)의 두려움을 모르는 정신에 감동을 받아서 그녀와 부부의 인연을 맺었다. 둘은 많은 새끼를 낳았다. 새끼 중 암컷들은 정위새(精衛鳥)를 많이 닮아 있었고, 수컷들은 바닷제비를 많이 닮아 있었다. 새끼 정위새(精衛鳥)들도 엄마처럼 끊임없이 돌멩이를 물어날라서 바다를 메우기 시작했다. 그때부터 오늘에 이르기까지 그들은 한 번도 이 일을 멈춰본 적이 없었다.

정위새(精衛鳥)들의 포기하지 않는 이런 정신과 착한 소원과 웅대한 지향은, 사람들의 끝없는 존경을 받게 되었다. 진(晉)나라 때의 시인 도잠(陶潛)은 일찍이 그의 시문(詩文) 속에서 이렇게 썼다.

"정위새는 보잘것없는 나뭇가지들을 물어다, 푸른 바다를 메우려 하니.(精衛銜微木 將以塡滄海)"

이를 통해 그는 바다를 상대로 한 정위새(精衛鳥)의 비장한 항쟁이 보여주는 감투정신(敢鬪精神)을 찬양코자 한 것이다. 이처럼 정위새(精衛鳥)에 대한 사람들의 감정 속에는, 동정심보다는 탄복하는 마음이 더 많았다. 정위새(精衛鳥)한테는 다른 이름도 많다. 예를 들면, '원금(冤禽, 원한을 품은 새)'이라든지 '서조(誓鳥, 결의에 찬 새)' 라든지 '지조(志鳥, 의지가 강한 새)'라든지 '제녀작(帝女雀, 제왕의 딸인 새)'과 같은 것들이 바로 그것이다. 사람들은 그녀를 위해 동해 바닷가에다 유적지를 세운 뒤 '정위서수처(精衛誓水處, 정위새가 바다에 서약을 했던 곳)'라고 이름지었다.

후세의 사람들은 인(仁)한 사람이나 지사(志士)가 어렵고 힘든 탁월한 사업에 종사함을 비유코자 할 때, 늘 '정위전해(精衛塡海, 정위새가 바다를 메우다)'라는 이 성어(成語)를 사용하곤 한다.

5

항아, 달로 도망치다

嫦娥奔月

    옛날에 작고 조용한 한 산골마을에 항아(嫦娥)라고 하는 착하고 예쁜 아가씨가 하나 살고 있었다. 항아(嫦娥)는 부지런하고, 순박하고, 아주 활달한 아가씨였다. 그러나 무엇보다도 그녀는 천사와 같은 마음씨의 소유자로, 늘 마을 사람들을 도와주는 걸 좋아했다. 그래서 사람들은 모두 이 항아(嫦娥)라는 아가씨를 좋아했다. 이 아름다운 소녀 항아(嫦娥)는 같은 마을의 한 청년과 사랑에 빠졌는데, 그 청년의 이름은 후예(后羿)라고 했다. 후예(后羿)는 젊고 패기에 넘치는 청년이었다. 그리고 그에게는 다른 사람들은 감히 따라올 수조차 없는 좋은 재능이 하나 있었다. 그것은 곧 활쏘기였다. 그리하여 그가

활을 한번 쏘았다 하면, 그가 쏜 화살은 단 한 발도 빗나가는 법이 없었다.

어느 날, 항아(嫦娥)는 마을의 절친한 친구들이랑 마을 근처의 개천으로 빨래를 하러 갔다. 그런데 뜻밖에도, 늘 하는 일 없이 심술만 부리고 다니는 물의 신 하백(河伯)[1]이 그곳에서 한가로이 놀고 있었다. 그는 젊고 아름다운 미녀인 항아(嫦娥)를 보자 나쁜 마음이 움터 오르기 시작했다. 그래서 하백(河伯)은 자신의 얼굴을 한 번 문질러서 아주 준수한 용모의 젊은이로 변신을 한 다음, 염치불고(廉恥不顧)하고 항아(嫦娥)에게 수작을 걸었다. 유들유들하고 착하지 못한 그를 본 선량한 항아(嫦娥)는 깜짝 놀라 급히 몸을 피했고, 그녀의 여자친구들 또한 뿔뿔이 도망치고 말았다. 항아(嫦娥)가 도망치려고 하자 하백(河伯)은 흉악한 원래의 모습을 드러냈다. 그리고 항아(嫦娥)를 납치해서 물속으로 억지로 끌고 들어가려고 했다. 이렇듯 위태로운 순간에 후예(后羿)가 허겁지겁 도착했다. 그는 자신이 좋아하는 사람이 모욕당하는 걸 보더니 화가 머리끝까지 치밀어서 활에다 화살을 메겼다. 화살은 '퓽!' 하는 소리와 함께 순식간에 날아가서 하백(河伯)의 한쪽 눈에 박히고 말았다. 화살이 눈에 박힌 하백(河伯)은 저도 모르게 고통스러운 비명을 지르면서, 항아(嫦娥)를 놓아주고 자신의 눈을 끌어 안은 채, 물속으로 풍덩 뛰어들고 말았다.

이 사건 이후, 항아(嫦娥)와 후예(后羿)의 마음속에는 뭔지 모를 두렵고 어두운 그림자가 따라다니게 되었고, 급기야 항아(嫦娥)

---

[1] 물을 맡아 다스린다는 신.

기기묘묘한 중국의 옛이야기

는 후예(后羿)와 결혼 문제를 상의하게 되었다. 둘은 차라리 일찍 결혼을 하는 편이 낫겠다는 데 의견을 같이했다. 그래야만 나중에 하백(河伯)의 보복을 당하지도 않고, 기나긴 밤을 편안히 보낼 수도 있을 것이기 때문이었다. 그리하여 두 사람은 마을 사람들의 축복 속에서 결혼식을 올리게 되었다. 결혼 후 둘은 서로 애틋이 사랑하며 행복하게 살아갔다. 물론 그들 두 사람은 신혼의 달콤함에만 완전히 빠져 있었던 것은 아니었다. 이 선량한 두 부부는 함께된 후에도 여전히 마을 사람들을 생각했고, 한 마음이 되어 마을 사람들을 위해 좋은 일들을 많이 했다.

바로 그해의 일이었다. 하늘에 갑자기 10개의 태양이 나타났다. 이 때문에 대지는 이글이글 타올랐고, 바닷물은 말라붙게 되었다. 나무와 농작물 또한 모두 말라죽고 말았다. 그러다 보니 백성들은 도저히 살아갈 방도가 없었다. 심히 걱정이 된 후예(后羿)는 백성들을 불바다에서 구해내기 위하여 아홉 개의 쓸데없는 태양을 활로 모두 쏘아 없애기로 결심을 했다. 본래 가지고 있는 기량도 출중하긴 했지만, 그래도 후예(后羿)는 더욱더 맹렬히 활 쏘기 연습에 돌입했다. 매일매일 땀을 비 오듯 쏟아내면서도 그는 훈련에 훈련을 거듭하였다. 후예(后羿)가 백성들을 생각하며 이러고 있을 즈음, 후예(后羿)를 향한 음험한 하백(河伯)의 증오심은 날로 불타올랐다. 그리하여 그는 훈련에 여념이 없는 후예(后羿)를 걸핏하면 방해하곤 했다. 하백(河伯)은 마음속으로 단단히 맹세했다.

'내 기어이 전날의 복수를 해주마. 그리고 네 녀석이 빠져 있는 그

항아(嫦娥)라는 계집을 기어이 내 손아귀에 넣고야 말겠다.'

이처럼 상황이 불리했는지라 후예(后羿)의 마음은 크게 분산되었다. 그리고 하루하루가 불안하고 초조하였다.

어느 날, 후예(后羿)는 곤륜산(崑崙山)에 있는 친구를 찾아갔다. 그런데 어떤 대선(大仙)이 그에게 선약(仙藥) 한 알을 건네주면서 이렇게 당부했다.

'하백(河伯)이 지금 절치부심(切齒腐心)하고 있으니, 장차 큰 화(禍)를 당하게 될 것이다. 그러나 이 선약(仙藥)을 먹게 되면 인간의 고통과 번뇌를 모두 벗어던지고, 천상(天上)의 월궁(月宮)에 오를 수가 있을 것이다. 그러나 한 가지 단점이 있는데, 그것은 천상의 월궁에서는 고독과 적막의 시련을 감수하지 않으면 안 된다는 것이다.'

대선(大仙)의 이 말을 들은 후예(后羿)의 마음은 한층 어지러워졌다. 집에 돌아온 그는 항아(嫦娥)에게 선인(仙人)에게서 들은 말을 그대로 해주었다. 그리고 말을 마친 그는 갑자기 피로가 몰려와 잠에 곯아떨어지고 말았다.

원래 그냥 무심결에 흘린 말도, 듣는 사람 입장에서는 알알이 마음속에 들어박히는 법. 이런 얘기를 들은 항아(嫦娥)는 마음이 불안하고 산란해져서 방 안을 천천히 오락가락했다. 하루하루 여위어만 가는 남편을 보고 있노라니, 항아(嫦娥)의 마음은 마냥 쓰라리기만 했다. 그녀는 남편 후예(后羿)를 너무도 사랑했는지라, 남편이 어떠한 시련과 고통도 받지 않기를 간절히 원했다. 하물며 지금의 이 일련의 사태가 자신 때문에 빚어진 것들이었음에랴? 게다가 남편은 아홉 개의 태양을 활로 쏘아 떨어뜨려야 하는 중책을 맡고 있다. 그리고 타 죽을 위기에 처한 마을 사람은 지금 남편의 구원만을 간절히 기다리고 있지 않은가? 착한 항아(嫦娥)는 잘 알고 있었다. 사악한 하백(河伯)은 끝까지 자신을 포기하지 않을 것이며, 그녀를 얻기 위해서라면 어떠한 수단과 방법도 마다하지 않을 것임을……. 그렇다면 이 일을 대체 어찌 해야 좋을까? 항아(嫦娥)는 고민과 모순에 빠졌다.

이리저리 생각을 하던 중, 항아(嫦娥)의 뇌리에 섬광처럼 떠오르는 대담한 생각이 있었다. 하백(河伯)의 집착을 단념시키기 위해서는, 그리고 남편이 마음속의 잡념들과 장애물들을 극복하고, 백성 돕기에 전심전력해서 아홉 개의 태양을 쏘아 떨어뜨리는 임무를 완수하도록 만들기 위해서는, 그녀는 자신을 희생시켜야겠다고 결심했다. 일단 결심이 서자, 항아(嫦娥)는 망설임 없이 남편이 가져온 선약(仙藥)을 삼키고 말았다.

잠시 후, 잠에서 깨어난 후예(后羿)는 항아(嫦娥)의 상태가 심상치 않음을 발견했다. 항아(嫦娥)의 얼굴에는 매우 이상한 붉은 기운이 감돌고 있었다. 그는 문득 이상한 느낌이 들었다. 그리고 그 이상한 느낌은 이내 불길한 생각이 되어서 그의 마음에 엄습해왔다. 항아(嫦娥)는 남편과 같이 할 수 있는 시간이 얼마 남지 않았다는 사실을 잘 알고 있었다. 그녀는 사랑이 가득한 눈으로 남편을 바라보면서, 눈에 눈물을 가득 담고 남편에게 부탁했다. 아무쪼록 몸 조심하고, 아내로서의 도리를 다하지 못한 자신을 부디 용서해 달라고……. 말이 채 끝나기도 전에, 마음이 황홀해지고 갑자기 몸이 가벼워지면서 두 발이 땅 위에서 떨어져 허공으로 떠오르더니, 갑자기 하늘로 날기 시작했다. 그녀는 뒤돌아보면서 큰 소리로 말했다.

"사랑하는 남편 후예(后羿)여! 이제 헤어져야 할 시간이군요. 부디 안녕히 계세요!"

높이높이 날아가 달 위에 도착한 항아(嫦娥)는, 썰렁한 광한궁(廣寒宮)에서 달 속의 선녀가 됐다. 그러나 이곳에는 아는 사람은 물론, 아무런 즐거움도 없었다. 다만 영리하고 귀여운 옥토끼 한 마리가 그녀와 서로 의지하며 살아갔고, 남편을 그리워하는 항아(嫦娥)의 하소연을 들어주곤 했다. 물론 옥토끼 말고도, 영원히 넘어뜨릴 수 없는 계수나무에다가 끝없이 도끼질을 해대고 있는 오강(嗚剛)[2]과도 서로 친구가 됐다.

착한 항아(嫦娥)가 자신을 희생하여 썰렁한 월궁(月宮)으로 가버린 뒤, 후예(后羿)는 이러한 고통과 슬픔을 변화시켜서 힘의 원동력으로 삼았다. 후예(后羿)는 아내의 고심(苦心)을 뚜렷이 이해하고 있었으며, 그녀가 자신과 백성들을 위해 이와 같은 거동을 했다는 사

---

2 고대 중국의 신화 속의 인물로, 천제(天帝)에게 벌을 받아 월궁(月宮)에서 계수나무를 벌목하는 인물. 전설에 따르면, 달 속에 있는 계수나무는 그 키가 5백 길이 넘는다고 하는데 이 신비로운 나무는 크기도 웅장할 뿐더러 도끼질로 난 상처를 스스로 치유하는 능력이 있다고 한다. 달 속에 사는 오강(嗚剛)은 원래 나무꾼이었다고 하는데 선도(仙道)에 심취했다. 그러다가 우연히 하늘의 법을 범하여 천제(天帝)의 진노를 사게 되었으며, 천제(天帝)는 그 벌로 그를 달 속의 쓸쓸한 광한궁으로 유배 보내서 광한궁 앞에 있는 계수나무를 도끼질하게 했다고 한다. 그는 그 계수나무를 도끼질로 넘어뜨려야만 죄를 면할 수 있었는데 불행하게도 그가 계수나무에 도끼질을 하면 그 상처가 저절로 아무는 바람에 그는 끝없이 도끼질을 하지 않으면 안 되게 되었다고 전한다.

기기묘묘한 중국의 옛이야기

실을 잘 알고 있었다. 그는 활 쏘는 재수를 맹렬히 언마해서, 마침내 하백(河伯)과 싸워서 이기고, 하늘에 떠 있는 아홉 개의 태양을 쏘아 떨어뜨려서 인류를 구해내고야 말았다. 그리하여 사람들은 또다시 행복한 삶을 살게 되었다.

마을 사람들의 행복을 위해 자신을 희생한 항아(嫦娥)와 후예(后羿)의 이러한 정신은 천제(天帝)까지도 감동시키게 되었다. 그 이야기를 들은 천제(天帝)는 후예(后羿)를 즉시 천장(天將)으로 임명한 뒤, 중추절(仲秋節)에 그들이 서로 만날 수 있게 해주었다. 그 후 항아(嫦娥)와 후예(后羿)는 천상(天上)에서 행복한 삶을 살게 되었다. 또한 천제(天帝)는 규정을 만들어 지상(地上)에 사는 사람들에게도 매월 15일 둥근 달이 떠오를 때면, 천하의 연인들이 서로 부부가 될 수 있도록 해주었다.

6

후예, 태양을 쏘다

后羿射日

전설에 의하면, 세계가 생겨난 지 아직 얼마 되지 않았을 적에, 하늘에 열 개의 태양이 동시에 떠오른 적이 있었다고 한다. 이 열 개의 태양의 모친은 바로 동방천제(東方天帝)[1]의 아내였는데, 모친은

---

1 여기서 말하는 동방천제란 이른바 '동극청화대제태을구고천존(東極青華大帝太乙救苦天尊)'을 말한다. 도교(道教)에서 말하는 천제(天帝)에는 크게 '삼청(三清)'과 '육어(六御)'가 있다. '삼청(三清)'이란 '우주만물의 창조자'를 일컫는 말이고, '육어(六御)'란 '천지의 만신(萬神)을 통솔하는 자'를 일컫는 말이다. '삼청(三清)'에 속하는 천제로는 '원시천존(元始天尊)', '영보천존(靈寶天尊, 일명 太上道君이라고도 한다)', '도덕천존(道德天尊, 일명 太上老君이라고도 한다)' 등이 있고, '육어(六御)'에 속하는 천제로는 중앙에 '옥황대제(玉皇大帝, 妻는 '王母娘娘, 혹칭 西王母)', 북방에 '북극중천자미대제(北極中天紫微大帝)', 남방에 '남극장생대제(南極長生大帝, 혹칭 玉清眞王)', 동방에 '동극청화대제태을구고천존(東極青華大帝太乙救苦天尊)', 서방에 '태극전황대제(太極天皇大帝)', 그리고 대지의 어머니인 '승천효법후토황지지(承天效法后土皇地祇)' 등이 있다.

언제나 아들들을 세계의 동쪽 끝인 동해(東海)²에다 풀어 놓고 목욕을 시켰다. 목욕이 끝나면 그들은 마치 새들처럼 커다란 나무 위에서 서식(棲息)을 했다. 물론 태양이 무슨 새는 아니었지만, 그들이 나무에서 서식을 한 이유는, 바로 그들 태양의 마음이 새였기 때문이었다. 비교적 낮은 나뭇가지 위에는 아홉 개의 태양이 서식을 했고, 나머지 한 개 태양은 나무의 끝에 서식을 했다. 그리고 매일 밤 한 번씩 교대했다. 여명(黎明)을 알려야 할 때가 도래하면, 나무 끝에 서식하고 있던 태양은, 바퀴가 두 개 달린 수레에 앉아 하늘을 지나갔다. 이런 식으로 차례대로 교대를 했다. 날마다 새로 교체된 태양 하나가 하늘 위로 올라가서 땅 위의 만물들에게 빛과 열을 주곤 했다.

그 시기 땅 위에 살던 사람들은 정말 행복하고 화목한 삶을 살았다. 인간과 동물은 마치 이웃이나 친구처럼 함께 생활을 했고, 그들 사이에는 어떤 편견이나 투쟁도 없었다. 피차 진솔하게 대했으며 서로 존중할 줄도 알았다. 동물들은 안심하고 자신들의 새끼들을 보금자리에서 키우면서도, 행여 사람들에게 상해(傷害)를 입지 않을까 걱정하지 않아도 되었고, 농민들 또한 밭에다 곡물을 쌓아 두고서도, 행여 동물들이 와서 훔쳐가지 않을까 걱정하지 않아도 되었다. 한 마디로 말해서, 사람들은 해 뜨면 밭에 나가 일하고, 해가 지면 집에 돌아가 쉬면서 평온하고 편안한 세월을 보냈다. 사람과 동물들은, 태양이 자신들에게 가져다주는 시간과 빛과 즐거움에 늘 감사하면서 살았다. 이렇듯 행복한 생활 속의 시간들이 서서히 흘러가고 있었다.

---

2 우리나라 서해(西海), 곧 황해(黃海)를 말한다.

기기묘묘한 중국의 옛이야기

그런데 그 누구도 예측하지 못한 일이 벌어지고야 말았다. 열 개의 태양은 어느 날 문득, 열 명의 형제가 함께 하늘에 떠올라 이리저리 돌아다니면서 놀면 얼마나 즐거울까 하는 생각을 품게 되었다. 열 명의 형제는 상의가 끝나자, 여명이 도래하기를 기다렸다가 일제히 바퀴가 두 개 달린 수레에 올라탔다. 그날은 열 개의 태양이 수레를 함께 타고 하늘 여정에 올랐다. 함께 하늘 여행 길에 오른 그들은 즐겁기 짝이 없었다. 그러나 땅 위에 살고 있는 사람과 동물들은 재앙을 만나게 되었다. 하늘에 떠오른 열 개의 태양은 열 개의 커다란 불덩어리와도 같아서, 무시무시한 열을 방출하며 대지를 뜨겁게 달구기 시작했다.

이내 숲에 큰 불이 나는가 싶더니, 허다한 동물을 태워 죽인 후, 숲은 완전히 까맣게 변해 버리고 말았다. 그 와중에서 요행히 살아남은 동물들은 놀란 나머지 먹이를 찾아 사람들 사이를 이리저리 헤집고 다니며, 이전에 그들과 화목하게 지내던 선량한 사람들을 해치기까지 했다.

그런 뒤에 대지는 검게 타고, 강과 바다는 말라 붙고, 물고기들은 모조리 죽어 버렸다. 그리고 물속의 괴물들도 슬그머니 물가로 기어 나와 먹을 것을 훔쳐갔으며, 수많은 사람들과 동물들은 목이 말라서 죽어갔다. 농작물과 과수원은 전부 시들어서, 사람과 가축에게 공급하던 먹을 것도 단절되고 말았다. 어떤 사람들은 먹을 것을 찾으러 밖으로 나왔다가, 태양열 때문에 무참하게 타 죽기도 했다. 그런가 하면, 또 다른 사람들은 굶주린 야수들에게 잡아먹히기도 했다. 사람들은 더 이상 행복하지 않았으며, 동물들과 사람들은 서로 미워하며 원수가 되고 말았다. 그들은 서로 상처를 입히거나 쫓아가 죽였다. 사람들은 불바다 속에서 발버둥치고 울부짖으면서, 생존의 희망을 갈구했다. 그러나 하늘에 호소해도 응답이 없고, 땅에 호소해도 소용이 없었다.

바로 이때, 매우 젊고 용모가 준수한 후예(后羿)라는 영웅이 나타났다. 후예(后羿)는 활솜씨가 매우 뛰어난 젊은이로서, 한 번 화살을 쏘았다 하면 가히 백발백중이었다. 그는 주변에서 일어나고 있는 사태를 보자 마음이 몹시 서글퍼졌다. 사람들이 처하고 있는 고난을 본 그는 몹시 화가 치밀었다. 그래서 그는 사람들이 고통의 바다에서 벗어나는 것을 돕고, 불필요한 아홉 개의 태양을 쏘아 맞춤으로써 사람들에게 종전의 평화로운 생활을 되돌려 주겠다고 속으로 굳게 다짐하였다.

후예(后羿)는 무엇을 하겠다고 결심하면 곧바로 해치우는 사람이었다. 그는 99개의 높은 산을 넘고, 99개의 큰 강을 건너고, 99개의 협곡을 지나서 마침내 동해 바닷가에 도착했다. 그는 발 아래 망망대해가 내려다 보이는 높은 산으로 올라갔다. 그리고 무게가 만 근(斤)이나 되는 활에다가, 무게가 천 근이나 되는 날카로운 화살을 재운 뒤, 하늘 위에서 이글이글 타오르는 태양 중에서 한 개를 조준하였다. '퓽!' 하는 소리와 함께 화살이 발사되는가 싶더니, 이내 첫 번째 태양이 화살에 맞아 바닷속으로 떨어져 내렸다. 계속해서 후예(后羿)는 또다시 활에다 화살을 재웠다. '퓽!' 하는 소리와 함께 발사된 화살은 이번에는 두 개의 태양을 동시에 명중시켰다. 두 개의 태양은 '풍!' 하는 소리와 함께 떨어져, 역시 망망대해에 풍덩 빠지고 말았다. 이런 식으로 순식간에 후예(后羿)는 세 개의 태양을 쏘아 떨어뜨렸다. 하늘에 남아 있는 일곱 개의 태양은 두렵고 놀라운 나머지 시뻘건 눈이 휘둥그렇게 변했다. 열 개의 태양에 비할 때 일곱 개의 태양의 열은 훨씬 수월하긴 하였지만, 후예(后羿)는 아직도 뜨거워서 견딜 수가 없었다. 그래서 그는 또다시 매섭게 세 번째 화살을 날렸다. 이번에 쏜 화살은 뜻밖에도 다른 화살들에 비해 훨씬 강해서, 네 개의 태양을 한꺼번에 떨어뜨렸다. 하늘에 떠 있던 나머지 태양들은 놀라움에 온몸을 부들부들 떨며, 서로 꼭 부둥켜안고 빙빙 맴돌았다. 그러나 후예(后羿)는 끝장을 볼 작정으로, 젖 먹던 힘까지 다해서 두 발을 연속해서 더 쏘았다. 화살은 한 치의 오차도 없이 순식간에 아홉 개의 태양을 쏘아 맞추었다. 화살을 맞은 아홉 개의 태양들은 살아 남지 못한 채 계속해서 죽어 갔다. 그들의 깃털은 어지럽게 땅에 떨어졌고, 그들의 빛과 열도 천천히 소실되고 말았다. 그러자 대지는 점점 어둡게 변하고 점점 시원해지기 시작했다. 하늘에 오직 하나의 태양만이 남게 되자, 후예(后羿)는 비로소 하던 일을 멈추었다.

하늘에 홀로 남게 된 태양은 너무 무서운 나머지 비틀거리고 허둥대면서 쏜살같이 바닷속으로 몸을 피한 채, 감히 나타나질 못하였다.

이번에는 정말 상황이 좋지 않았다. 하늘에 태양이 없어지자, 세상은 암흑 천지가 되고 만 것이다. 만물은 태양빛을 얻을 길이 없어서 자라지 못했고, 독사나 맹수들은 이 틈을 이용해 나타나서 사람들의 생활을 어지럽혔다. 사람들은 천제(天帝)에게 열 번째 태양을 나오게 해달라고 간구(懇求)했다. 그래야만 인류와 만물이 순조롭게 번성해갈 수가 있었기 때문이었다.

천제(天帝)는 그들의 간구를 들어주었다. 이렇게 오랫동안 암흑 세상이 지속된 뒤, 어느 날 아침에 동쪽 바다 위로 오색영롱한 아침 노을이 나타나더니, 뒤이어 금빛 찬란한 태양이 바다 위로 얼굴을 드러냈다.

눈부신 태양빛을 본 사람들은 기뻐 날뛰면서 일제히 환호성을 질렀다.

그로부터 문제의 태양은 날마다 동쪽 바다 위로 떠올라 하늘을 지나가면서 사람들을 따뜻하게 해주었다. 곡식의 싹도 덕분에 계속 생장을 하게 되었고, 만물 또한 다시 생존해 나갈 수가 있게 되었다.

태양을 쏘아 떨어뜨림으로써 인간과 만물을 구제한 후예(后羿)의 공로(功勞)가 빛나는 순간이었다. 천제(天帝)는 그의 공(功)을 인정하여 그에게 특별히 천장(天將)의 직위를 하사했다.

7

연수

年獸

옛날 옛적 중국에 괴물 같은 무서운 짐승 한 마리가 살고 있었다. 눈은 왕방울만 하고 머리에는 뿔이 달렸는데, 바람처럼 빠르고 울음을 울 때 '니앤(年)……' 하는 소리를 내면서 울기 때문에 '연수(年獸, 니앤 짐승)'라는 이름이 붙었다. 연수(年獸)는 몸뚱아리가 엄청 크고, 생김새는 험상궂으며, 흉포하고 잔인하기 그지없었다. 주로 사람을 잡아먹었는데, 위장이 어떻게나 큰지 한 번에 사람 수십 명씩을 꿀꺽 삼킬 수가 있었다. 그래서 그놈에게 잡아먹힌 사람만 해도 그 수를 헤아리기 어려워, 가히 가증스럽기 짝이 없는 짐승이었다. 백성들은 모두 연수(年獸)를 미워하고 두려워했으나, 아무리 고심을 해도 제압할 방법이 없어 그 피해를 고스란히 받고 있었다.

전(傳)하는 바에 따르면, 이 연수(年獸)란 놈은 보통 때는 깊은 산속 숲에서 살고 있다가, 매(每) 365일마다 사람들이 모여 사는 곳으로 뛰쳐나와서 가축들을 잡아먹고 사람들을 해쳤다. 그런데 일반적으로 날이 어두울 때 출현했다가, 닭이 우는 새벽이 되면 산속으로 돌아가곤 했다. 그리하여 사람들은 이 무시무시한 하룻밤을 관살(關煞)¹로 생각하면서 '연관(年關)²'이라 칭하게 되었다.

그해에도 연수(年獸)란 놈이 산에서 내려와 사람들에게 피해를 입힐 시간이 되었다. 그러자 사람들은 서로 상의한 끝에, 연관(年關)을 무사히 지낼 방법을 생각해 내었다. 그날 밤, 사람들은 집집마다 저녁밥을 미리 해 놓고, 아궁이의 불을 끄고, 부엌을 깨끗이 치운 뒤, 닭장과 외양간을 단단히 단속하고, 대문을 꼭꼭 걸어 잠가 놓았다. 그런 다음, 사람들은 집 안에 숨어서 '제야(除夜) 음식'³을 먹었다.

길흉(吉凶)을 아직 예측할 수 없는 까닭에, 이 만찬(晚餐)은 개개인에게 모두 특수한 의미를 지니고 있었다. 그래서 사람들은 '제야(除夜) 음식'을 아주 풍성하게 차렸다. 그런 뒤, 남녀노소 할 것 없이 전 가족이 단란하게 둘러 앉아 실컷 먹으면서 화목을 과시했다. 그러나 밥을 먹기 전, 각 가정에서는 먼저 조상님 앞에 절을 하고 제사를

---

1 '관살'이란 옛날 점성술가들이 일컬은 바 '운명적으로 피할 수 없는 재난'을 말한다. 예로부터 중국에는 10세 이하 아이들의 피할 수 없는 재난으로서 벼락관살, 단명관살, 백호관살…… 등의 16관살, 또는 36관살이라는 것이 있어서 현전하고 있다.

2 1년 중 '운명적으로 피할 수 없는 재난의 하루'라는 뜻이다.

3 음력 섣달 그믐날 밤에 먹는 음식을 말한다. 이것을 중국에서는 '年夜飯'이라고 부른다.

기기묘묘한 중국의 옛이야기

지내면서, 조상의 신령(神靈)들께 모두모두 평안하게 이 밤을 지낼 수 있게 해달라고 간절히 기원했다. 저녁식사가 끝난 뒤에도, 아무도 자지 않고 모두들 한데 모여 앉아 웃음꽃을 피우고 한담을 나누면서 긴장을 풀고 서로 담을 키웠다.

머지않아 하늘색이 어두워지더니, 연수(年獸)란 놈이 깊은 산 숲 속에서 뛰쳐나와 울부짖기 시작했다. 그러더니 사람들이 모여 사는 촌락으로 맹렬히 달려와, 예전처럼 한바탕 쑥대밭을 만들 준비를 했다. 그러나 이즈음에는 이미 집집마다 문을 걸어 잠그고, 거리에는 사람의 그림자라곤 하나도 찾아볼 수가 없었다. 사방에는 사람의 숨소리 하나 들리지 않았으며, 다만 연수(年獸)의 울음소리만이 어둠 속에 울려 퍼지고 있었다.

연수(年獸)는 마을 안을 밤새도록 돌아다녔지만 아무런 소득이 없었다. 그는 너무 배가 고픈 나머지, 농가의 문 앞에 놓여 있는 참깨 줄기를 뜯어 먹으면서 허기를 달랬다. 얼마쯤 시간이 지나고 날이 밝기 시작하자, 수탉이 목을 길게 빼고 울음을 울었다. 흉포하고 미련한 연수(年獸)는 머리를 살랑살랑 흔들면서 허기진 몸으로 돌아가고 말았다.

요행히 '연관(年關)'을 무사히 넘기게 된 사람들은 기뻐서 어쩔 줄을 몰랐다. 어떤 사람들은 땅에 엎드려서 천지와 조상신의 보살핌에 감사의 절을 올렸고, 어떤 사람들은 대문을 활짝 열고 나와서, 동네 이웃들과 서로 연수(年獸)에게 먹히지 않은 것을 축하하는 반가운 인사를 나누었다. 또 어떤 사람들은 폭죽을 터뜨리며 기뻐했다. 이렇듯 삽시간에 사람들은 상서롭고 평안한 광경을 되찾아 갔다.

그 후, 이와 같은 방법에 의하여 사람들은 한동안 편안한 세월을 보내게 되었다. 그러면서 연수(年獸)에 대한 경각심도 사람들의 뇌리에서 점점 희미해져 갔다. 그러던 어느 해 섣달 그믐날, 연수(年獸)가 또다시 강남(江南)⁴의 한 마을에 창궐하여 거의 모든 마을 사람들이 연수(年獸)에게 잡아먹히고 말았다.

불행 중 다행으로 붉은 천으로 휘장을 두르고 붉은 색깔의 옷을 입고 있었던 나이 어린 신혼 부부와 몇몇 아이들이, 그 화를 모면하였다. 살아 남은 몇몇 아이들은 그 당시에, 마당에서 대나무에다 불을 붙여 불빛이 반짝반짝하는 모습을 보거나, 대나무가 타면서 내는 '펑, 펑' 소리를 들으며 놀고 있었다. 때마침 이곳에 나타난 연수(年獸)는 타오르는 불빛과 요란한 폭죽 소리에 대경실색(大驚失色)해서 줄행랑을 치고 말았다.

그제서야 사람들은 연수(年獸)가 붉은색을 무서워하고, 불빛과 폭죽 소리를 두려워한다는 사실을 알게 되었다. 그리하여 이듬해 연말연시(年末年始)부터 사람들은 집집마다 붉은색으로 된 종이를 붙이고, 붉은색으로 된 두루마기를 입고, 붉은색으로 된 등(燈)을 달고, 징과 북을 치고, 폭죽을 터뜨리게 되었다. 그러자 과연 연수(年獸)가 놀라서 감히 가까이 접근을 하지 못했으며, 그 뒤로는 다시는 나타나서 마을 사람들과 가축을 해치지 못하게 되었다.

그 후로, 이 습속은 후세에 계속 전해져서 중국 사람들 사이에 가

---

4 여기서 강남(江南)이란, 중국의 창장(長江, 양자강) 하류의 남쪽 지역을 가리킨다.

기기묘묘한 중국의 옛이야기

장 성대한 전통 명절인 설의 습속으로 굳어졌다.

倉頡

取俸鳥跡始作文字
耕治百官領理萬郡

8

창힐, 글자를 만들다

倉頡造字

한자는 어떻게 생겨난 것일까? 전(傳)하는 바에 따르면, 중국 고
대(古代)에 창힐(倉頡)이라는 사람이 문자를 창조했다고 한다. 그 당
시 대지(大地)는 황제(黃帝)가 통치하고 있었는데, 창힐(倉頡)은 황
제(黃帝) 밑에서 일하는 관원(官員)이었다. 그러나 황제(黃帝)의 시
기에는 관(官)이란 아무런 위엄도 갖추지 못했다. 그리하여 관원(官
員)이나 일반 백성이나 다 똑같이 각자의 본분을 다할 뿐이었다. 창
힐(倉頡)의 직책은 권역 안에 있는 가축의 숫자를 관리하고, 양식 창
고에 있는 양식의 양을 관리하는 것이었다. 창힐(倉頡)은 매우 총명
했다. 그는 주어진 일에 전심전력을 다했고, 일을 맡은 지 얼마 안 되

어, 권역 안에 있는 가축의 숫자와 양식 창고 안에 있는 양식의 양을 소상히 알게 되었다. 그러나 주변 여건은 계속 변하고 발전해갔다. 가축이 번식하고 양식의 수확이 증가함에 따라 그 숫자와 양도 자꾸만 변해갔다. 따라서 그것을 오로지 기억에만 의존할라치면 도저히 기억하기가 어려웠다. 그렇다면 이를 어찌 해야 좋을 것인가! 창힐(倉頡)은 장벽에 부딪혔다. 당시 사회에는 문자는커녕 종이나 붓조차 없었다.

그래서 창힐(倉頡)은 깊은 사색에 빠졌다. 그가 맨 처음 생각해 낸 방법은 길다란 새끼줄 위에 매듭을 만들고 서로 다른 색깔의 새끼줄을 이용해서, 서로 다른 종류의 가축과 양식을 표시하는 것이었다. 그리고 매듭의 개수로 숫자를 표시하도록 했다. 처음에는 이 방법이 매우 효과적이었다. 그러나 시간이 갈수록 이 방법으로는 되질 않았다. 왜냐하면 숫자가 늘어나기만 한다면 새끼줄에다 계속 매듭을 묶기만 하면 간단히 해결됐지만, 숫자가 줄어들었을 경우에는 매듭을 푸는 게 아주 번거롭기 짝이 없는 일이었다. 그래서 창힐(倉頡)은 다시금 두 번째 방법을 생각해냈다. 그 방법은 새끼줄 위에 고리를 만든 뒤에, 각양각색의 조개 껍데기를 새끼줄 고리 안에 걸어 놓음으로써, 각각의 가축의 수와 양식의 양을 나타내도록 하는 것이었다. 숫자가 늘어날 때마다 조개 껍데기를 하나씩 더 걸고, 숫자가 줄어들 때마다 조개 껍데기를 하나씩 들어냈다. 이 방법은 아주 간단하고 편리했다. 그래서 그는 이 방법을 한동안 계속 사용했다.

이렇게 하여 재주 많은 창힐(倉頡)은 황제(黃帝)의 두터운 신임

기기묘묘한 중국의 옛이야기

을 받게 되었다. 황제(黃帝)는 창힐(倉頡)에게 점점 더 많은 일들을 맡겼다. 예를 들면, 해마다 지내는 제사의 숫자나, 수렵한 동물의 분배, 그리고 마을 사람 수의 증가 등등…… 관리해야 할 일이 많아지게 되자 새끼줄 위에다 조개 껍데기를 거는 것만으로는 문제가 해결되지 않았다. 창힐(倉頡)은 다시 한 번 고민에 빠졌다. 대체 어떻게 해야 한 치의 오차도 없이 정확하게 할 수 있을까? 창힐(倉頡)은 하루 종일 생각에 생각을 거듭했다.

하루는 단체 수렵 활동에 참가했다가 삼거리에 도착했다. 거기서 그는 노인들이 모여서 어떤 길로 가야 하는지를 놓고 서로 다투는 광경을 목격하게 되었다. 그중 한 노인은 동쪽으로 가면 영양(羚羊)이 있으니까 동쪽으로 가야 한다고 하고, 또 다른 노인은 북쪽으로 가면 사슴의 무리를 만날 수 있으니까 북쪽으로 가야 한다고 했다. 그리고 세 번째 노인은 서쪽으로 가면 호랑이 몇 마리를 잡을 수 있을 거라면서 서쪽으로 가야 한다고 했다. 창힐(倉頡)은 노인들이 어느 길에 어떤 짐승이 있는지를 어떻게 알았을까 하고 강한 호기심이 생겼다. 그래서 물어봤더니, 노인들은 짐승들이 땅 위에 남겨 놓은 발자국을 보고 그것을 알고 있었다. 창힐(倉頡)은 홀연 무언가를 크게 깨달았다. 발자국으로 짐승을 나타내듯이, 부호를 사용해서 사물을 나타낼 수 있지 않을까? 여기에 생각이 미치자 창힐(倉頡)은 가슴이 벅차올랐다. 그는 급히 집으로 돌아와서 여러 가지 부호를 만들기 시작했다. 왜냐하면 부호만 만들어 놓으면 자신이 관리하는 사물들을 나타내게 할 수 있었기 때문이었다. 창힐(倉頡)이 각종 부호를 만들어내게 되자, 그가 관리하고 있던 일들은 즉시 일목요연(一目瞭然)해지기 시작했다.

그 뒤, 이 사실을 안 황제(黃帝)는 창힐(倉頡)을 크게 칭찬한 후에, 창힐(倉頡)에게 이 방법을 각 마을에다 전수(傳授)하라고 명령했다. 창힐(倉頡)은 득의양양해져서 그 다음부터는 부호를 성심껏 만들지 않게 되었다. 그는 다른 사람들을 깔보았을 뿐만 아니라 글자도 아무렇게나 만들었다.

후에 이러한 잘못된 행위가 황제(黃帝)의 귀에 들어가게 되자 황제는 크게 노하였다. 자신의 부하가 잘못된 길로 가는 것을 어찌 용납할 수 있으리오마는, 생각해 보면 창힐(倉頡)은 총명한 데다가 수많은 공적을 세웠다. 그래서 황제는 창힐(倉頡)을 벌하고 싶지 않았다. 다만 창힐(倉頡)로 하여금 자신의 잘못을 깨닫도록 하고 싶었다. 하지만 어떻게 해야 그럴 수 있을까? 황제(黃帝)는 가장 나이가 많은 노인을 불러서 이 일을 상의했다. 이 노인은 백 살이 넘는 노인이었다. 그는 길고 흰 수염을 100개가 넘게 결발(結髮)을 하고 있었다. 노인은 수염을 쓰다듬으며 한참을 생각하더니, 황제에게 자신이 직접 창힐(倉頡)을 찾아가 보겠다고 했다. 황제는 흔쾌히 허락해주었다.

노인은 창힐(倉頡)이 글자를 가르치고 있는 마을로 갔다. 그리고 아무 말 없이 맨 뒤에 앉아 진지하게 창힐(倉頡)의 이야기를 들었다. 창힐(倉頡)의 설명이 끝나자, 다른 사람들은 모두 떠나고 그 노인만이 원래 있던 자리에 남아서 갈 생각을 않는 것이었다. 이상하게 생

기기묘묘한 중국의 옛이야기

각한 창힐(倉頡)이 가까이 가서 물었다.

"이야기가 다 끝났는데, 어르신은 왜 아직까지도 남아 계시는 겁니까?"

그러자 노인이 대답했다.

"창힐(倉頡)이여, 자네가 글자를 만들었다는 건 지금 세상 사람들이 다 알고 있는 사실이네. 그런데 내가 나이 많고 눈이 침침해서 그런지 모르지만, 몇몇 글자는 아직 이해가 되지 않더구먼. 내게 다시 한 번 가르쳐 줄 수 있겠나?"

창힐(倉頡)은 나이도 많은 노인이 자신을 이렇듯 깍듯이 대접하는 걸 보고 기분이 좋아져서 선선히 대답했다.

"좋습니다. 어떤 글자입니까?"

"'말 마(馬)', '노새 라(騾)', '나귀 려(驢)', 이런 글자들은 모두 다리가 네 개씩 달려 있는데, '소 우(牛)' 자만은 꼬리만 하나 달랑 달려 있더구먼. 이보게, 소도 다리가 넷 달린 짐승인데, 이게 대체 어찌된 노릇인가?"

맙소사! 창힐(倉頡)은 얼굴이 후끈 달아 올랐다. 애초에 그가 '물고기'라는 글자를 만들 때는 '牛'라는 글자로써 그것을 표시했고, '소'라는 글자를 만들 때는 '魚'라는 글자로써 그것을 표시했었다. 그랬던 것이 일을 대충대충 처리하다 보니 엉뚱하게 서로 뒤바뀐 것이다!

노인은 계속 말을 이었다.

"'重'이란 글자는 '千里나 되는 먼 길'이라고 설명했으니, 읽을 때 '집을 떠나 멀리 가다(出門)'라고 할 때의 '멀리 떠날 출(出)'이라고 해야 할 텐데, 자네가 사람들에게 설명할 때 들어 보니까, '겹칠 중(重)' 이라고 읽더구먼. 그리고 '出'이란 글자는 두 개의 산이 나란히 있으니, 읽을 때 당연히 '겹칠 중(重)'이라고 했어야 하는데, 자네는 그것을 '멀리 떠날 출(出)'이라고 읽더구먼. 난 이 몇몇 글자가 도무지 이해가 가질 않네. 그러니 이리 와서 설명 좀 해주겠나?"

창힐(倉頡)은 얼굴이 빨개져서 쥐구멍이라도 찾고 싶은 심정이었다. 그는 자신이 이미 돌이킬 수 없을 만큼 큰 잘못을 저지른 사실을 깨달았다. 왜냐하면 이 글자들은 각 마을 사람들에게 벌써 전해주어 세상 사람들이 모두 알고 있었던 까닭에, 돌이킬래야 돌이킬 수 없었기 때문이다. 그는 황망히 노인 앞에 무릎을 꿇고 울음을 터뜨리고야 말았다. 노인은 창힐(倉頡)의 손을 잡아 일으키며 부드러운 어조로 말했다.

"네가 문자를 발명해서 우리 각 세대(世代)의 사정들을 후세에 두루두루 전할 수 있게 했으니, 그 얼마나 크나큰 공로(功勞)냐?! 네 이름은 필시 천고(千古)에 길이 남을 것이다. 창힐(倉頡)아, 그러니 부디 교만하거나 자만하지 말거라."

노인의 훈계를 들은 창힐(倉頡)은 그 후로 글자를 만들 때마다 성심성의를 다했다. 그는 글자의 뜻을 거듭거듭 퇴고(推敲)했을 뿐만 아니라, 다시는 한 점의 착오도 생기지 않도록 사방을 돌아다니며 다른 사람들의 의견을 구했다. 그리고 모든 사람들의 의견이 일치한 뒤에야 비로소 글자를 확정지어 모든 마을에 그것을 전파했다.

전설에 의하면, 창힐(倉頡)이 글자 발명에 성공한 뒤 세상에는 기

　기기묘묘한 중국의 옛이야기

이한 일이 하나 발생했다고 전한다. 하루는 대낮에 하늘에서 좁쌀이 비처럼 쏟아져 내리고, 한밤중에 귀신이 처량하게 울부짖는 소리가 들려왔다. 왜 좁쌀이 비처럼 쏟아져 내린 것일까? 전(傳)하는 바에 따르면, 창힐(倉頡)이 뜻을 나타내고 여러 가지 사실들을 기록할 수 있는 문자를 발명하게 되자, 대자연도 그것을 축하하고 싶어서 그랬다고 한다. 그러면 귀신은 왜 처량하게 울부짖었던 것일까? 혹자(或者)의 말에 따르면, 문자가 생기자 사람들 사이에는 지혜란 것이 생기게 되었고, 그 지혜로부터 교활함과 권력 다툼의 악덕이 생겨나게 돼서 마침내 세상이 태평(太平)을 잃게 되자, 귀신 또한 편안할 수 없었던 까닭에 울부짖게 됐다고 한다.

우렁이 색시

田螺姑娘[1]

　　진(晉)나라 시절, 후관현(侯官縣, 지금의 福州)에 씨에뚜안(謝端)
이라는 고아(孤兒)가 살고 있었다. 그는 어려서 부모를 여의고 혼자
살고 있었는데, 그를 가엾게 생각한 마음씨 좋은 이웃들은, 그가 성
인이 될 때까지 그에게 입을 것과 먹을 것을 대주었다. 그의 나이 17,
8세가 되자 그는 이웃들에게 더 이상 폐를 끼치고 싶지 않아, 산기슭
에다 단칸집을 짓고 홀로 외로운 생활을 시작했다.

　　씨에뚜안(謝端)은 아주 성실하고 고통과 어려움을 잘 참는 청년
이었다. 그는 남의 집 소작(小作) 일을 하면서 단출한 살림을 그럭저

---

1 이 설화는 도잠(陶潛)의 《搜神後記》卷五에 나온다.

력 꾸려갔다. 하지만 집안이 너무 가난했는지라 그에게 시집 오겠다는 처녀가 도무지 나타나질 않았다. 그러나 씨에뚜안(謝端)은 낙담하지 않고, 날마다 예전처럼 부지런히 밭을 갈며 아침 일찍 나가 저녁 늦게 돌아오곤 했다.

하루는 밭에서 일을 하고 있는데 문득 보니까, 땅 위에 세상에서 보기 드문 엄청 큰 우렁이 한 마리가 있는 것이었다. 그는 호기심이 생겨 그것을 조심스럽게 주워 집으로 돌아왔다. 그리고 물독에 담아 놓고 정성껏 키우기 시작했다.

이튿날 이른 아침, 씨에뚜안(謝端)은 평소처럼 일찍 일어나 밭에 나가 일을 하고, 날이 어두워질 무렵에 집에 돌아왔다. 그런데 뜻밖에 부뚜막에서는 향긋한 쌀밥 냄새가 풍겨오고, 주전자 안의 뜨거운 물에서는 김이 모락모락 피어 오르고 있었다. 뿐만 아니라 부엌 안에는 감칠맛 나는 요리들이 한 상 가득 차려져 있었다. 그는 그것을 보고 아마 그가 고생하는 걸 본 이웃 사람들이 자신에게 호의를 베풀기 위해 그렇게 한 것이라고만 생각했다. 하지만 자신들도 찢어지게 가난한 이웃들이, 이런 풍성한 음식들이 다 어디서 나서 이렇게 갖다 놓은 것일까? 그러나 그때 그는 너무나 배가 고팠기 때문에 이것저것 다 접어두고 우선 배부터 채우기로 했다.

그 후로도 며칠을 계속해서 똑같은 상황이 연출되었다. 그러자 씨에뚜안(謝端)은 송구스러운 마음이 들어서 이웃집에 가서 고맙다는 인사를 했다. 그러나 몇 집을 돌아다녀도 집집마다 자신들이 한 것이 아니라고만 대답했다. 심지어 어떤 사람은 이렇게 놀려댔다.

　　　　　　　　기기묘묘한 중국의 옛이야기

"너 몰래 결혼한 거 아니니? 여자를 집에다 감춰두고 밥 짓게 해 놓고선 무슨 뚱딴지 같은 소릴 하는 거니?"

씨에뚜안(謝端)은 생각하면 할수록 이상한 일이 아닐 수 없었다. 그래서 그는 직접 그 진상을 밝혀보기로 결심했다. 이튿날, 새벽을 알리는 닭 소리가 나자 그는 평소와 같이 괭이를 메고 집문을 나섰다. 그리고 짐짓 밭에 가서 일하는 것처럼 꾸며댔다. 그리고는 바깥을 한 바퀴 빙 돈 다음 살며시 집으로 돌아왔다. 도대체 누가 자신을 도와주는지 알아보고 싶었던 것이다.

집 근처에 오자, 과연 자기 집 지붕 위에 있는 굴뚝에서 연기가 모락모락 피어오르고 있었다. 그는 살금살금 다가가 문틈으로 안을 들여다 보았다. 그러나 집 안엔 아무런 동정(動靜)도 없었다. 그래서 문을 박차고 들어가 보았더니, 탁자 위에선 음식 냄새가 풍겨나고, 부뚜막의 불은 아직도 활활 타오르고 있고, 뜨거운 물은 가마솥에서 펄펄 끓고 있는데, 다만 음식을 만든 마음씨 따뜻한 사람만큼은 보이질 않았다.

점점 더 수상쩍은 생각이 든 씨에뚜안(謝端)은 그 다음 날 다시 지난번에 했던 것처럼 아침 일찍이 집을 나섰다. 그리고 이번에는 처마 밑에 숨어서 신경을 곤두세우고 집 안을 주시했다. 이즈음에는 아직 굴뚝에서 연기도 피어오르지 않고 사방은 조용하기만 했다. 씨에뚜안(謝端)은 눈을 문틈에 바짝 대고, 숨을 죽인 채 끈질기게 기다렸다.

그런지 얼마 지나지 않아, 물독 안에서 한 젊고 아름다운 아가씨가 나오는 것이었다. 그런데 이상스럽게도 그녀가 입고 있는 옷이 전혀 물에 젖어 있질 않았다. 가만히 보고 있노라니, 그 아가씨는 천천히 부엌으로 가서 잽싼 손놀림으로 부엌을 치우기 시작했다. 그리고 나더니 불을 피워 밥과 반찬을 만들기 시작했다.

씨에뚜안(謝端)은 밖에서 이 모든 광경을 똑똑히 목격하였다. 그는 급히 문을 열고 들어가서 물독이 있는 곳을 살펴보았다. 그러나 자신이 주워온 큰 우렁이 속에는 아무것도 없었다. 거기에는 단지 빈 껍데기만 덩그렇게 남아 있을 뿐이었다. 그는 너무나 놀랍고 신기해서 빈 껍데기를 집어 들고 이리저리 살펴보았다. 그런 다음 부뚜막으로 들어가서 불을 피워 밥을 짓고 있는 젊은 아가씨에게 이렇게 말했다.

"당신은 어디서 오신 분이며, 왜 나한테 밥을 지어 주는 거요?"

씨에뚜안(謝端)이 갑자기 나타나리라고는 상상도 하지 못했던 그 아가씨는 그만 깜짝 놀라고 말았다. 그리고 자신의 내력을 꼬치꼬치 따져 묻는 그를 보자, 어쩔 줄을 몰라하며 조그만 얼굴이 부끄러움에 붉게 물들었다. 그녀는 황망히 물독 속으로 도망가려고 했다. 그러나 그조차도 이미 갈 길이 막혀 있었다. 씨에뚜안(謝端)이 재차 캐묻자, 젊은 아가씨는 하는 수 없이 그에게 사실을 말해 주었다. 본디 이 아가씨는 천상(天上)의 수소녀(水素女)[2]로서, 천제(天帝)의 명(命)을

---

2 중국 전설 속의 소녀(素女)는 원래 황제(黃帝)와 동시대의 인물로서, '중국 고전 음악의 창시자'이자 '성애(性愛)의 여신(女神)'으로 널리 알려져 있다. 그러나 여기서 말하는 수소녀(水素女)란 '천하신녀(天河神女)', 즉 '은하수 여신(女神)'을 말한다.

기기묘묘한 중국의 옛이야기

받고 인간 세상에 내려와 씨에뚜안(謝端)을 도와준 것이었다.

수소녀(水素女)는 이렇게 대답했다.

"천제(天帝)께서는 어린 나이에 부모를 잃고 외롭고 쓸쓸하게 살면서도 근검절약하고 분수를 지키며 살아가는 당신의 처지를 딱하게 생각하시어, 절더러 인간 세상에 가서 당신에게 밥도 지어주고 요리도 해주고 집안일도 돌봐주라고 하셨답니다. 이렇게 해서 당신이 10년 안에 부(富)를 쌓아 가업도 일으키고 좋은 아내도 맞이하게 되면, 그때 절더러 하늘나라에 돌아와 복명(復命)하라고 하셨답니다. 그런데 이제 이렇게 제 신분이 드러나게 되었으니, 더 이상 인간 세상에 머무를 수 없게 됐습니다."

수소녀(水素女)의 얘기를 들은 씨에뚜안(謝端)은 감사하기 이를 데 없었으나 내심 후회스럽기 짝이 없었다. 그래서 수소녀(水素女)를 극구 만류해보았다. 그러나 돌아가기로 한 번 마음을 굳힌 수소녀(水素女)는 요지부동이었다.

수소녀(水素女)는 길을 떠나며 씨에뚜안(謝端)에게 이렇게 말했다.

"제가 떠난 뒤로는 형편이 좀 어려워지겠지만 일도 열심히 하고, 고기도 많이 잡고, 나무도 많이 하다 보면, 점점 형편이 좋아질 겁니다. 이 우렁이 껍데기는 잘 보관해두셨다가, 여기에 식량을 담아두게 되면 집안에 곡식이 영원히 떨어지지 않게 될 겁니다."

말이 채 끝나기도 전에 홀연 문 밖에서 바람이 크게 일어나는가 싶더니, 이내 큰 비가 쏟아져 내리기 시작했다. 빗물이 자욱한 가운데 수소녀(水素女)는 마지막 말을 뱉은 뒤, 표연히 사라져 버리고 말 았다.

그 뒤, 씨에뚜안(謝端)은 특유의 부지런함과 수소녀(水素女)가 남겨준 낡은 우렁이 껍데기의 도움을 받아, 날로 집안 형편이 좋아지게 되었다. 그렇게 한 지 얼마 되지 않아, 예쁜 처자를 만나 혼인하게 되었고, 또한 벼슬길에 나아가 마침내 현령(縣令)의 지위에 오르게 되었다. 그는 그곳에다 특별히 사당을 하나 세웠는데, 그것이 바로 오늘날의 소녀사(素女祠)다. 해마다 명절이 돌아오면, 씨에뚜안(謝端)은 가족들과 같이 사당에 가서 향을 피우고 제사를 지내 수소녀(水素女)의 은덕을 가슴속에 깊이 아로새기며 잊지 않았다고 한다.

장량, 신발을 줍다

張良拾履

　　장량(張良)은 진(秦)나라 말기와 한(漢)나라 초기에 활동한 유명한 모사(謀士)[1]이자, 한나라 고조(高祖) 유방(劉邦)이 통일 대업(統一大業)을 이루는 데 혁혁한 공을 세운 사람으로서, 유방(劉邦)의 가장 유능한 조수(助手) 중의 하나였다. 사료(史料)의 기록에 따르면, 장량(張良)의 집안은 원래 귀족 가문이었다. 그의 조부와 부친은 모두 한(韓)나라에서 재상(宰相)의 벼슬을 지낸 사람들로서, 당당한 권세와 부(富)를 축적했다. 그러다가 후에 진시황(秦始皇)이 중국을 통일

---

1 남을 도와 꾀를 내는 사람.

하는 대업을 완수하고 육국(六國)²을 잇달아 멸망시키자, 한(韓)나라는 멸망하고 그에 따라 장량(張良)의 가정도 파괴되고 가족들도 죽음을 맞이하게 된다. 그리하여 장량(張良)은 멸망한 조국의 한(恨)을 풀고 가족들의 원수를 갚기 위해 진시황을 죽일 결심을 한다.

기원전 218년, 진시황이 동쪽을 순시한다는 사실을 알게 된 장량(張良)은, 진시황을 찔러 죽이려고 건장한 장사(壯士) 하나를 데리고 길 옆에서 매복을 한다. 그러나 뜻밖에도 계획이 실패로 돌아가자, 장량(張良)과 장사는 뿔뿔이 도주한다. 이와 같은 암살 미수(未遂) 사건으로 인하여 장량(張良)은 지명수배범이 된다. 그때부터 혈혈단신(孑孑單身)이 된 장량(張良)은 부득불 이름을 숨기고 하비(下邳)³에 숨어 동정을 살핀다. 그러나 역사의 선택을 받은 자는 결코 잊혀질 수 없는 법. 장량(張良)의 전기적(傳奇的)인 인생은 바로 거기에서부터 시작된다. 유명한 '장량습리(張良拾履, 장량, 신발을 줍다)'라는 고사(故事)도 바로 거기에서 생겨난 것이다.

어느 날 새벽, 장량(張良)은 진동(鎭東)의 돌다리 위를 거닐다가 허름한 차림의 백발 노인 하나를 만났다. 긴 수염을 한 그 노인은 마침 다리 위에서 다리를 걸치고 앉아 쉬고 있었다. 한쪽 다리를 위아래로 흔들거리고 있는 노인의 모습이 자못 한가로워 보였다. 그는 노인의 그런 모습을 보면서도 전혀 아랑곳하지 않고 가던 길을 계속 갔

---

2 전국칠웅(戰國七雄, 중국 전국 시대의 일곱 나라) 중에서 진(秦)나라를 제외한, 초(楚)나라, 연(燕)나라, 제(齊)나라, 조(趙)나라, 한(韓)나라, 위(魏)나라를 이른다.
3 강소성(江蘇省) 북단에 있는 피(邳) 현의 옛 이름.

기기묘묘한 중국의 옛이야기

다. 그런데 그가 그 노인의 곁을 지나칠 때쯤, 노인은 일부러 발을 안으로 오므렸다가, 신고 있던 신발을 다리 밑으로 떨어뜨리는 것이었다.

그런 뒤, 노인은 장량(張良) 쪽을 뒤돌아보며 오만한 어조로 말했다.

"이봐. 내 신발 좀 주워 오겠나?"

그 말을 들은 장량(張良)은 부아가 치밀어서 한 대 갈겨주고 싶은 마음이 간절했다.

'일부러 다리 밑에다 신발을 벗어 던지고, 그걸 날더러 주워 오라고?'

그러나 상대는 늙은 노인이었다. 그런지라 차마 그렇게 할 수 없었다. 그는 애써 분노를 가라앉히고, 시키는 대로 다리 밑으로 가서 노인의 신발을 주워다 주었다. 그런데 장량(張良)이 노인에게 신발을 건네주자, 노인은 고마워하기는커녕 거드름을 피우면서 다리를 쭉 내뻗더니 이번에는 이렇게 말하는 것이었다.

"신발 좀 신겨봐!"

장량(張良)은 어리둥절했다. 생각해보니 화도 나고 한편으론 우습기도 했다. 그는 속으로 이런 생각을 했다.

'이런 해괴망측한 노인을 봤나! 내가 호의를 베풀어서 신발을 주워다 주었음에도, 고마워하기는커녕 그걸 신겨 달라고까지 하다니, 참 염치도 없군.'

그러나 그는 이내 마음을 고쳐 먹고 이렇게 생각했다.

'어차피 신발도 주워다 줬고 하니, 기왕에 할 바에는 끝까지 한번 잘해 보자.'

그래서 장량(張良)은 아예 땅에다 반쯤 무릎을 꿇고 공손하게 노인에게 신발을 신겨 드렸다.

그러자 느릿느릿 일어선 노인은 거들먹거리는 걸음으로 발길을 재촉했다. 노인의 걸음걸이가 매우 빠르고 힘찬 것을 본 장량(張良)은 내심 깜짝 놀라며 그저 말 없이 멀어져 가는 그를 바라볼 뿐이었다. 오륙 백 보쯤 걸었을까? 노인은 갑자기 걸음을 멈추더니 다시 다리 쪽으로 돌아왔다. 그러더니 장량(張良)을 칭찬하며 이렇게 말했다.

"그 녀석 참 쓸 만하구먼. 좀 가르쳐 볼까?"

총명한 장량(張良)은 이 노인에게 뭔가 내력(來歷)이 있다는 사실을 금세 눈치챘다. 그는 얼른 허리를 굽혀서 인사를 드리며 말했다.

"소생(小生), 스승님의 가르침을 받고 싶습니다."

노인은 수염을 길게 쓰다듬으며 미소를 띤 채 말했다.

"좋다. 앞으로 닷새 뒤 여명이 밝을 때쯤 다리목으로 오렴."

장량(張良)은 영문도 모른 채 공손히 응답했다.

닷새 후 여명이 밝을 무렵, 장량(張良)은 약속 장소로 갔다. 그러나 뜻밖에도 노인은 일부러 빨리 와서 다리목에서 먼저 기다리고 있었다. 그는 장량(張良)이 오는 걸 보고 화난 목소리로 말했다.

"젊은 놈이 노인과 약속을 했으면 빨리빨리 올 일이지, 어찌 날 기다리게 한단 말이냐!!"

기기묘묘한 중국의 옛이야기

노인의 꾸짖음을 들은 장량(張良)은 부끄럽기 짝이 없었다. 그는 급히 노인에게 머리를 조아리고 용서를 빌었다. 장량(張良)이 진심으로 부끄러워하고 있음을 본 노인은 이렇게 말했다.

"가 보거라. 닷새 뒤에 다시 오너라."

말을 마치자 그는 고개를 돌려 가 버렸다. 홀로 남은 장량(張良)은 다리 위에서 한참 동안을 멍하니 서 있다가, 고개를 수그리고 맥없이 집으로 돌아왔다.

그럭저럭 닷새가 지나고, 약속한 날 새벽 첫닭이 울었다. 장량(張良)은 급히 잠에서 깨어 바삐 다리목으로 갔다. 그러나 누가 알았으랴? 그는 또다시 한 발 늦고 말았다. 노인은 벌써 다리 위에서 한참 동안이나 그를 기다리고 있는 중이었다. 장량(張良)은 또다시 한 발 늦은 것에 대하여 초조하고 수치스러웠다. 늦게 도착한 장량(張良)을 본 노인은 또다시 호통을 쳤다.

"또 늦다니……. 가라!! 닷새 후에 다시 보자."

말이 끝나기가 무섭게 그는 가 버렸다. 장량(張良)은 답답하고 우울하기 그지없었다. 그는 다리 위에서 한참 동안을 멍청하니 서 있다가, 이번에도 우울한 마음으로 집에 돌아왔다.

세 번째에는 절대로 노인보다 늦지 않겠다고 장량(張良)은 마음속으로 굳게 결심했다. 그래서 장량(張良)은 아예 깜깜한 한밤에 출발을 하기로 했다. 그는 잰걸음으로 다리로 갔다. 과연 이번에는 노인이 아직 와 있지 않았다. 그는 다리 위에 서서 기다리기 시작했다. 서너 시간쯤 지나자 노인이 나타났다. 노인은 장량(張良)이 이번에는 성심을 다했을 뿐 아니라 은인자중(隱忍自重)할 줄 아는 모습을 보고 내심으로 매우 기뻤다. 그리하여 노인은 품 속에서 비단 꾸러미를 하나 꺼내어 그에게 건네주면서 이렇게 말했다.

"너의 사람됨이 매우 진실하고 은인자중할 줄 알므로, 내 특별히 너에게 이 비단 책을 주는 것이다. 네가 지금처럼 겸손한 마음으로 학문에 뜻을 두고 이 책을 열심히만 읽는다면, 앞으로 크게 재주를 발휘할 날이 반드시 찾아올 것이다."

꾸러미를 공손히 받아든 장량(張良)은 노인에게 뭔가 물으려고 했다. 그러나 노인은 뜻밖에도 고개를 절레절레 흔들더니 이렇게 말했다.

"앞으로 13년 후, 네가 제북군(濟北郡)⁴에 있는 곡성산(谷城山) 밑에서 노란 돌멩이를 보게 되면, 그게 나인 줄 알거라."

말을 마치자 노인은 몸을 돌려 떠나가 버렸다. 그 후로 장량(張良)은 다리 위에서 다시는 그 노인을 볼 수가 없었다.

한참을 말없이 바라만 보고 있던 장량(張良)은 꾸러미를 풀어 보았다. 그러자 그 안에서 비단 위에 먹물로 쓴 병법서(兵法書)가 나타났다. 책의 거죽에는 '태공병법(太公兵法)'이라고 쓰여 있고, 안에는 주석(註釋)이 붙은 내용이 담겨 있었다. 이 책은 원래 주(周)나라 문왕(文王)과 무왕(武王)의 군사 및 정치상의 스승이었던 강자아(姜子

---

4 지금의 산동성(山東省)과 하북성(河北省)에 걸쳐 있는 지역으로서, 제수(濟水)의 북쪽에 위치하여 그와 같은 이름이 붙게 되었다.

기기묘묘한 중국의 옛이야기

牙)[5]가 쓴 병법서(兵法書)였다. 전하는 바에 따르면, 강자아(姜子牙)는 병법(兵法)과 책략(策略)에 능해서 일찍이 문왕(文王)을 보좌하고 그 뒤 다시 주(周)나라 무왕(武王)을 보좌하여 은(殷)나라를 멸망시키고 주(周)나라를 일으켰다고 한다. 그리고 그 때문에 강태공(姜太公)이란 존칭을 얻게 되었다고 한다. 이 비단 책은 강태공(姜太公)의 한평생 정치·군사 경험의 총 결집체였을 뿐 아니라, 그 노인이 평생토록 심혈을 기울인 것들을 응취(凝聚)한 것이었다.

이렇듯 기이한 내용을 담은 책을 얻은 장량(張良)은 놀라움과 기쁨이 교차했다. 그 뒤 그 책을 꼼꼼히 읽고 불철주야 연구하고 연마한 결과, 그는 후에 마침내 용병술과 지모가 뛰어난 명신(名臣)이 되었으며, 한(漢)나라 고조(高祖) 유방(劉邦)은 그에게 유후(留侯)라는 봉작을 내렸다. 장량(張良)은 서한(西漢)의 개국공신의 하나가 되어, 한신(韓信), 소하(蕭何)와 함께 '한초삼걸(漢初三杰)'로 일컬어지게 되었다.

그렇지만 장량(張良)은 출세한 후에도 자신에게 책을 주었던 그 노인을 내내 잊지 못했다. 일설에 따르면, 13년 후 장량(張良)이 유방(劉邦)을 따라서 제북군(濟北郡)을 지나칠 적에, 과연 곡성현(谷城縣) 경내에 있는 곡성산(谷城山) 아래에서 노란 돌멩이를 하나 발견

---

5 자아(子牙)는 자(字)고, 본명은 강상(姜尙)이다. 그의 선조가 여(呂)나라에 봉해졌으므로 여상(呂尙)이라 불렸고, 태공망(太公望)이라고도 불렀지만 강태공(姜太公)이라는 이름으로 알려져 있다. 주나라 문왕(文王)의 초빙을 받아 그의 스승이 되었고, 무왕(武王)을 도와 상(商)나라 주왕(紂王)을 멸망시켜 천하를 평정하였으며, 그 공으로 제(齊)나라 제후에 봉해져 그 시조가 되었다. 일설에 의하면 그는 기원전 1156년에 태어나 기원전 1017년에 죽었다고 하며, 죽을 때의 나이가 139살에 이르렀다고 하나 자세하지 않다.

했다. 감개무량해서 그 노란색 돌멩이를 주위 막부(幕府)로 돌아온 장량(張良)은, 그 돌멩이를 '황석공(黃石公)'이라고 이름 붙인 뒤, 때를 맞춰 제사를 지내주었다고 한다. 임종 시에 장량(張良)은 가족들에게 그 돌멩이를 자신의 관 속에 함께 묻어달라고 한 뒤, 후에 성묘하고 제사를 지낼 적에도 반드시 살아생전 자신이 했던 것처럼 노란 돌멩이를 함께 모시라고 부탁했다고 한다.

기기묘묘한 중국의 옛이야기

너짜의 바다 난동

哪吒鬧海

　　은(殷)나라 말엽, 진당관(陳塘關)이라는 곳에 이정(李靖)이라는 총병(總兵, 古代武官)이 하나 있었다. 그는 어려서부터 열심히 구도(求道) 생활을 했다. 그리하여 산에 올라가 신선술(神仙術)을 공부했으나, 신선이 되는 일이 쉽지 않음을 알고 하산(下山)하여, 은(殷)나라 주(紂)임금을 보좌, 군사를 거느리고 진당관(陳塘關)을 지키면서 풍요로운 삶을 살고 있었다. 그는 어질고 총명한 여인 은(殷)씨를 아내로 맞이하였다. 은씨와의 사이에 두 아들이 있었는데, 큰아들은 이름을 찐짜(金吒)라고 하였고, 둘째 아들은 이름을 무짜(木吒)라고 하였는데, 두 아들은 모두 일찍부터 산에 올라가 선인(仙人)[1]을 모시고 신선술을 공부하고 있었다.

그렇지만 이정(李靖)은 요 몇 년 동안 얼굴에 수심이 가득한 채 안절부절못하고 있었다. 원래 그의 아내 은씨는 3년 6개월 전에 또 한 명의 아이를 뱄는데, 어찌된 영문인지 아직까지 아이를 낳지 않고 있었다. 아내의 커다란 배를 볼 때마다 그는 조바심이 났다. 보통의 임신부는 1년이면 해산(解産)을 하는데, 자신의 아내는 임신한 지 벌써 3년을 넘겼으니, 그 뱃속에 있는 아이는 필시 요정(妖精)이 아니면 요괴(妖怪)임이 분명했다.

어느 날 밤, 막 잠이 든 은씨의 꿈속에 어떤 도사(道士) 하나가 그녀에게 다가오며 이렇게 말했다.

"부인! 어서 아이를 받으시오!"

깜짝 놀라 잠에서 깬 은씨는 배에 심한 통증을 느꼈다. 그녀는 해산의 징후임을 알고, 급히 시녀를 불러 도움을 청했다.

이정(李靖)은 방 밖에서 초조하게 은씨의 해산을 기다렸다. 잠시 후, 시녀 하나가 허둥지둥 뛰어나오더니 이정(李靖)에게 아뢰었다.

"부인께서 고깃덩어리를 낳으셨습니다!"

깜짝 놀란 이정(李靖)은 검(劍)을 들고 나와 안방으로 갔다. 방 안에선 붉은 기운이 감돌고 기이한 향기가 자욱했다. 그리고 이정(李靖)의 발 근처에 고깃덩어리 하나가 굴러 다니고 있었다. 이정(李靖)은 마음속으로 '과연 요물(妖物)이 틀림없구먼' 하고 생각하면서, 칼

---

1 도를 닦은 사람.

로 고깃덩어리를 내리쳤다. 고깃덩어리가 둘로 갈라지자, 온 방 안에 눈부신 붉은 빛이 내리비치더니, 그 안에서 조그만 사내아이가 뛰쳐나왔다. 그 아이는 오른손에는 금팔찌를 하고, 배에는 붉은 비단을 두르고 있었는데, 귀엽기 짝이 없었다.

이정(李靖)은 다가가서 아이를 끌어안았다. 아이도 울지 않고 이정(李靖)의 품 안에 몸을 맡긴 채, 눈을 크게 뜨고 호기심 어린 눈으로 이정(李靖)을 빤히 쳐다보았다.

그때 하인이 밖에 도사(道士) 한 분이 와서 뵙기를 청한다고 아뢰었다. 이정(李靖)은 그 도사를 급히 방 안으로 맞아들였다.

자칭 금광(金光) 동굴에 사는 태을진인(太乙眞人)이라고 자신을 소개한 도사는, 이정(李靖)이 안고 있는 어린아이를 보더니 웃으면서, 이름을 어떻게 지었느냐고 물었다. 이정(李靖)이 대답했다.

"아직 이름을 짓지 않았습니다."

그 말을 들은 태을진인(太乙眞人)은 고개를 끄덕이더니 웃으면서 말했다.

"그럼, 빈도(貧道)2가 이름을 지어드릴 테니, 빈도(貧道)를 그 아이의 스승으로 삼게 해주시겠습니까?"

이정(李靖)은 급히 아이를 대신하여 감사의 인사를 드리면서 말했다.

"진인(眞人)을 스승으로 모시겠습니다."

태을진인은 다시 어린아이의 머리를 쓰다듬으면서 말했다.

---

2 덕(德)이 적다는 뜻으로, 승려나 도사가 자기를 낮추어 이르는 일인칭 대명사.

"아이의 이름을 너짜(哪吒)라고 하시지요. 이 아이가 나올 때 차고 있던 팔찌는 건곤권(乾坤圈)이고, 배 위에 묶은 붉은 비단은 혼천릉(混天綾)인데, 그것들은 모두 빈도(貧道)가 애한데 보낸 견면례(見面禮)³올시다. 오늘은 빈도(貧道)가 다른 일이 있어서 이만 가보겠소이다."

이정(李靖)은 태을진인(太乙眞人)에게 이름과 보물을 준 것에 사례를 표하였다. 그리고 진인(眞人)을 보낸 뒤, 이정(李靖)은 너짜(哪吒)를 안고 가서 아내에게 보여주었다. 두 내외는 아이가 사랑스러워 어쩔 줄을 몰랐다.

시간은 흐르고 흘러서 어느덧 7년이란 세월이 지났다. 어린 너짜(哪吒)도 이제 일곱 살이 되었다. 그해 5월, 날이 엄청 더웠다. 너짜(哪吒)는 또래 친구들과 같이 구만하(九灣河)의 동해(東海)⁴ 입구(入口)로 가서 목욕을 했다. 너짜(哪吒)는 혼천릉(混天綾)을 풀어서, 거기에다 물을 묻혀 몸을 씻었다. 이 혼천릉(混天綾)은 본디 물에다 한 번 담그면 물을 온통 붉게 물들이며, 한 번 흔들면 강하(江河)를 온통 흔들리게 하는 건곤(乾坤)의 보물이었다. 너짜는 그냥 강물에 몸을 씻었을 뿐이었지만, 그 때문에 금세 물결이 요동치기 시작했다. 그리고 이내 해저 깊은 곳에 있는 수정궁(水晶宮)까지도 거칠게 흔들리기 시작했다.

마침 그때, 수정궁에서는 동해 용왕이 가무(歌舞)를 즐기고 있었

---

3 첫인사 때 주는 선물. 주로 연장자가 아랫사람에게 주는 것을 가리킨다.
4 여기서 동해란 중국의 동해로서, 우리나라의 서해와 황해를 일컫는다.

기기묘묘한 중국의 옛이야기

는데, 갑자기 궁전 전체가 심하게 흔들렸다. 용왕은 급히 순해야차(巡海夜叉) 이간(李艮)을 동해 입구로 보내 대체 누가 바람과 풍랑을 일으키고 있는지 조사해 보도록 했다.

명령을 받든 야차(夜叉)는 구만하(九灣河)로 가서 조사를 해보았다. 그러나 보이는 건, 물속에서 놀고 있는 꼬마 아이들과 그들의 우두머리인 듯한 사내아이가 붉은 비단에 물을 묻혀서 목욕을 하고 있는 모습밖에는 아무것도 보이질 않았다. 그런데 그 붉은 비단이 물속에 들어갈 때마다, 붉은 빛을 뿜어내며 강물 전체를 붉게 물들이고 있는 것이었다. 야차(夜叉)는 가서 자세히 관찰도 하고 꼬마아이들을 놀라게도 할 겸 하여, 물 위로 갑자기 뛰쳐나오면서 크게 소리쳤다.

"이 녀석들! 대체 무슨 이상한 물건을 가지고 장난을 치느냐?! 강물을 이렇게 온통 붉게 물들여 놓다니……."

갑자기 등 뒤에서 누가 말을 건네오자, 너짜(哪吒)는 고개를 돌려 돌아다 보았다. 그랬더니 붉은 머리에 시퍼런 얼굴과 시뻘건 입에 날카로운 이빨들이 촘촘히 난 요괴(妖怪)가, 손에 커다란 도끼를 들고 등 뒤에 서 있는 것이었다. 너짜(哪吒)는 말을 받아서 반문했다.

"이 짐승 같은 놈은 대체 웬 놈이냐?"

야차는 너짜(哪吒)의 욕설을 듣자 크게 화가 났다.

"나는 옥황상제께서 어필(御筆)로 친히 파견하신 순해야차(巡海夜叉)거늘, 네가 어찌 감히 날 짐승이라고 부르느냐?"

말을 하기가 무섭게 야차는 물속에서 뛰어올라, 너짜(哪吒)의 정수리를 향해 벼락 같이 도끼를 날렸다. 알몸으로 물속에 서 있던 너짜(哪吒)는 맹렬히 공격해 오는 야차를 보자 재빨리 몸을 한쪽으로 피한 다음, 오른손에 차고 있던 건곤권(乾坤圈)을 순간적으로 높이 치켜올려서 야차의 머리를 힘껏 후려갈겼다. 건곤권(乾坤圈)과 같은 대단한 보물의 일격(一擊)을 받게 된 야차는, 골이 깨져서 한순간에 죽고 말았다. 너짜(哪吒)는 야차의 피로 물든 건곤권(乾坤圈)을 물속에 담그고 혼천릉(混天綾)으로 깨끗이 씻어냈다. 수정궁(水晶宮)은 두 보물의 괴롭힘을 견디지 못해 하마터면 궁전이 붕괴될 뻔했다.

궁전은 비틀려 무너져 내리고, 사람과 말은 넘어져 나뒹굴어 다니는 걸 본 동해 용왕은 몹시 화가 났다. 그는 파견 나간 야차가 왜 아직 돌아오지 않느냐고 물었다. 이때 하병(蝦兵)[5] 하나가 숨을 헐떡거리며 와서 보고했다.

"순해야차(巡海夜叉) 이간(李艮)이 어떤 조그만 꼬마아이한테 맞아 죽었습니다."

동해 용왕은 깜짝 놀라서 말했다.

"이간(李艮)은 옥황상제 어필(御筆)로 파견된 순해야차(巡海夜叉)거늘 누가 감히 때려 죽였단 말이냐?"

이때 용왕의 셋째 아들 오병(敖丙)이 썩 나서더니, 자신이 구만하(九灣河)로 가서 야차를 죽인 자를 잡아오겠다고 했다.

너짜(哪吒)는 수정궁(水晶宮)에서 벌어지고 있는 일에 대해서 전혀 알지도 못한 채 물속에서 친구들과 신나게 놀고 있었다. 그때 갑

---

5 신화·전설 속의 용왕(龍王)의 장병.

기기묘묘한 중국의 옛이야기

자기 산더미 같은 파도가 덮쳐와 물의 깊이가 순식간에 사람 키의 몇 배에 이르게 되었다. 꼬마들은 거센 물결을 이기지 못해, 어떤 아이는 기슭으로 밀려나가고 어떤 아이는 물속으로 휘말려 들어갔다. 너짜(哪吒)는 급히 친구들을 하나씩 구해냈다.

한숨을 돌리고 바라보니, 파도 위에 물을 밟고 서 있는 바다괴물이 떠 있고 그 괴물 위에서 누군가 창을 들고 큰 소리로 외쳤다.

"순해야차(巡海夜叉) 이간(李艮)을 때려 죽인 놈이 대체 누구냐?"

너짜(哪吒)가 대답했다.

"나다!"

자신을 조금도 두려워하지 않는 이 맹랑한 꼬마를 본 오병(敖丙)은 속으로 매우 의아했다.

"넌 대체 뭘 하는 놈이냐?"

"난 진당관(陳塘關) 이정(李靖)의 셋째 아들 너짜(哪吒)다. 오늘 내가 여기서 목욕을 하고 있을 때 그놈이 쫓아와서 먼저 날 때렸고, 내가 그놈을 때려 죽인 건 일부러 그런 게 아니라 실수로 그런 것일 뿐이다."

화가 잔뜩 난 오병(敖丙)이 소리쳤다.

"옥황상제께서 어필(御筆)을 써서 직접 보내신 이간(李艮)을 때려 죽인 놈이 어찌 감히 이러쿵저러쿵 말이 많으냐?!"

그는 말을 끝내기가 무섭게 너짜(哪吒)를 향해 힘껏 창을 날렸다.

재빨리 창을 피한 너짜(哪吒)는 몸을 돌려서 7척[6] 길이의 혼천릉

---

6 1척은 약 33.3㎝에 해당한다.

(混天綾)을 오병(敖丙)을 향해 내던졌다. 오병(敖丙)은 혼천릉(混天綾)에 휘감겨서 기슭에 나뒹굴어 떨어졌다. 너짜(哪吒)는 한 걸음 먼저 기슭으로 올라가서 한 발로 오병(敖丙)의 목을 밟고 건곤권(乾坤圈)을 들어올려 그의 머리 정수리를 향해 후려갈겼다. 그러자 본래의 모습인 한 마리 용으로 변해 뻗어버렸다.

그 모습을 본 너짜(哪吒)는 웃으면서 말했다.

"이 나쁜 용아, 네가 세상에서 나쁜 짓을 하도록 내버려 두기보다는, 네 힘줄을 뽑아다가 우리 아버지 갑옷 줄로 쓰는 것이 더 낫겠다."

말을 마친 너짜(哪吒)는 용의 힘줄을 뽑아서 어깨를 으쓱거리며 진당관(陳塘關)으로 돌아왔다.

나이 어린 너짜(哪吒)는 자신이 어마어마하게 큰 재앙을 저지른 사실을 까맣게 모르고 있었다. 그는 의기양양하게 용의 힘줄을 들고 집에 돌아와 이정(李靖)에게 보여주었다. 그는 부친이 자기를 칭찬해줄 줄로만 알았다. 그러나 뜻하지 않게 이정(李靖)은 용의 힘줄을 보자마자 대경실색하였다. 그리고 너짜(哪吒)로부터 상세한 일의 경위를 물어 알게 된 그는, 얼굴빛이 흙빛이 되어서 너짜(哪吒)를 크게 꾸짖었다.

"이 불효막심한 놈아! 네가 무슨 짓을 했는지 아직도 모른단 말이냐? 쓸모 없는 놈 같으니……!"

한편, 수정궁에서는 도망쳐 나온 하병(蝦兵)과 해장(蟹將)[7]이 왕

---

7 신화·전설 속의 용왕(龍王)의 장병.

기기묘묘한 중국의 옛이야기

자 오병(敖丙)도 너짜(哪吒)에게 죽임을 당한 뒤 힘줄이 뽑혔다는 소식을 동해 용왕에게 전달하였다. 아들을 잃은 슬픔에 빠진 동해 용왕은 노발대발하여, 이정(李靖) 일가(一家)를 찾아내서 반드시 끝장을 보겠다고 맹세했다. 그는 서해 용왕, 남해 용왕, 북해 용왕을 불러서 자신의 주도하에 사해(四海)의 용왕들이 풍랑을 일으켜 진당관(陳塘關)을 수몰시킴으로써 이정(李靖)으로 하여금 너짜(哪吒)를 내놓게 하자고 하였다.

그렇지 않아도 이정(李靖)은 동해로 가서 용왕에게 용서를 빌 생각이었다. 그런데 뜻밖에도 사해의 용왕은 이미 문 앞에 들이닥쳐 와 있었다. 그들은 이정(李靖)의 해명 따위는 들으려고도 하지 않은 채, 홍수를 일으켜 진당관(陳塘關)을 곤경에 빠뜨렸다. 하늘에는 먹장구름이 가득하고 먹구름 사이에서 벼락치는 소리가 간간이 들려왔다.

너짜(哪吒)는 성 밖으로 나가 맞서 싸우고 싶었다. 그러나 이정(李靖)이 그것을 허락해주지 않았다. 이정(李靖)은 너짜(哪吒)가 또 다시 시비를 일으킬까봐 그의 건곤권(乾坤圈)과 혼천릉(混天綾)을 빼앗았다. 그리고 그를 꽁꽁 묶은 뒤 집안사람들에게 잘 지키고 있게 하였다. 무기도 빼앗기고 부친으로부터 이와 같은 대접을 받게 된 너짜(哪吒)는 내심 억울하기 짝이 없었다.

그는 큰 소리로 부친을 설득했다.

"저놈들이 절 먼저 건드린 거랍니다. 아빠, 절 좀 내보내 주세요. 만약에 싸움에 승산이 있으면, 저 혼자의 힘으로 강과 바다를 뒤엎어서라도 진당관(陳塘關)을 보호할 것이고, 싸움에 승산이 없으면, 제한 목숨 버리면 그만 아니겠어요? 절대로 진당관(陳塘關)의 무고한 백성들이나 엄마, 아빠를 연루시키지는 않을 게요.”

이정(李靖)은 너짜(哪吒)를 사해 용왕에게 내어주려고 했다. 그러나 은씨가 매일같이 울고불고 하면서 너짜(哪吒)를 내어주지 못하게 막았다. 그는 비록 커다란 재앙을 불러온 너짜(哪吒)를 미워하긴 했지만, 너짜(哪吒)를 차마 사지(死地)로 내보내고 싶지 않은 것도 사실이었다. 이렇게 시간은 하루하루 지나갔다. 그러나 진당관(陳塘關)을 에워싸고 있는 홍수는 사그러들 줄 몰랐다. 성 안의 백성들은 밤낮없이 두려움과 초조함 속에서 살지 않으면 안 되었다.

너짜(哪吒)는 자신의 잘못 때문에 진당관(陳塘關)의 모든 백성들이 재앙을 만나게 할 수는 없었다. 더구나 모친이 눈물로 날을 지새우는 모습을 차마 볼 수가 없었다. 그래서 어느 날 가족들의 감시가 소홀한 틈을 타서 그는 이정(李靖)의 보검(寶劍)을 빼어들고 성을 뛰쳐 나갔다. 이를 알아챈 이정(李靖)과 은씨는 급히 그를 뒤쫓았다.

진당관(陳塘關) 밖에서 너짜(哪吒)가 성을 나오는 것을 본 사해 용왕은, 그가 도망갈새라 폭풍을 만들어서 너짜(哪吒)를 겹겹이 둘러싸고 이정(李靖) 부부가 접근하지 못하도록 막았다. 너짜(哪吒)는 검(劍)으로 하늘을 가리키면서 크게 소리쳤다.

“요사스러운 늙은 용아, 듣거라! 내가 저지른 일은 내가 책임을 질 테니, 다른 사람들은 다치게 하지 말거라! 기왕에 내가 네 아들을 죽였으니, 지금 내 목숨으로 네 아들의 목숨을 갚으마. 내가 죽은 뒤 너희는 즉각 홍수를 거두어들여, 다시는 진당관(陳塘關)의 백성들이

나 우리 아빠를 괴롭히지 말거라."

먹구름이 가득한 곳에서 숨어 있던 동해 용왕은 너짜(哪吒)의 말을 듣자 밖으로 나와 대답했다.

"좋다! 네가 목숨을 바친다면 다시는 죄를 묻지 않으마!"

"너짜(哪吒)!!" 하고 부르는 은씨의 고함소리를 뒤로 한 채 너짜(哪吒)는 검을 뽑아들고 고개를 돌려 부모를 흘끔 바라본 후, 눈물을 흘리면서 말했다.

"엄마, 아빠! 두 분께서 주신 육신(肉身)을 두 분께 다시 돌려 드립니다. 두 분께 누(累)를 끼쳐드리고 싶지 않습니다."

말이 끝나자, 그는 검으로 자신의 팔뚝 위의 살점을 도려냈다. 은씨는 '안 돼!!' 하면서 울부짖었다. 이정(李靖)도 차마 그 모습을 더 볼 수가 없었다. 그는 은씨를 꽉 끌어안고 너짜(哪吒)를 보지 못하도록 머리를 돌렸다.

너짜(哪吒)는 이정(李靖)을 다시 한 번 쳐다본 뒤, 이를 악물고 이번에는 뼈를 발라냈다. 은씨는 더 이상 볼 수가 없어서 외마디 비명을 지르며 혼절하고 말았다. 서서히 고개를 든 너짜(哪吒)는 마지막으로 보검을 들어올려 목을 찔렀다. 그러자 목에서 피가 콸콸 쏟아져 나왔다. 그는 혼신의 힘을 다해서 손을 공중 높이 뻗어 올리더니, "사부님!!" 하고 크게 외쳤다.

너짜(哪吒)가 죽은 뒤, 원수를 갚은 사해 용왕은 다시는 이정(李靖)을 괴롭혀서 진당관(陳塘關)을 어려움에 빠뜨리는 일이 없게 되었다. 그들은 홍수를 거두어들이고, 의기양양하게 동해로 돌아와서 너짜(哪吒)의 죽음을 경축하는 연회를 열었다.

그러나 너짜(哪吒)는 죽어도 그의 혼백은 아직도 인간세계에 머물러 있었다. 그의 혼백은 떠돌아다니다가 마침내 그의 사부(師父)인 태을진인(太乙眞人)이 머물러 있는 금광(金光) 동굴을 찾아갔다.

태을진인(太乙眞人)은 너짜(哪吒)에게 이와 같은 재난이 있으리라는 것을 벌써 알고 있었다. 그는 너짜(哪吒)에게 모친의 꿈속에 현몽하게 하였다. 그리고 모친에게 진당관(陳塘關) 밖에 있는 취병산(翠屛山)에다 너짜(哪吒) 신당(神堂)을 지어 3년 동안 향화(香火)를 올리게 되면, 다음 세상에서 사람으로 다시 태어날 거라고 말했다. 꿈에서 깨어난 은씨는, 부득불, 이정(李靖)에게 말했다가 거절을 당하느니, 남편을 속이고 돈을 마련해서 너짜(哪吒)의 신당(神堂)과 너짜(哪吒)의 신상(神像)을 건립하는 방안을 택하였다. 신당(神堂)이 마련되자 너짜(哪吒)의 혼백은 취병산(翠屛山) 너짜(哪吒) 신당(神堂) 안에 깃들어 신통력을 발휘하기 시작했다. 복을 오게 해달라고 빌든 재앙을 없애 달라고 빌든, 백성들이 와서 빌기만 하면 신기한 징험(徵驗)이 있었다. 그로부터 너짜(哪吒) 신당(神堂)의 영험함은 입소문이 나게 되어 사방의 백성들이 모두 다 알게 되었다. 그리하여 너짜(哪吒) 신당(神堂)에는 향불을 올리는 사람들의 발길이 끊일 줄을 몰랐다.

반 년이 지난 뒤 이러한 사정을 알게 된 이정(李靖)은 노발대발하여 사람들을 끌고 가서, 너짜(哪吒) 신당(神堂)을 부수고 너짜(哪吒)의 도금한 신상(神像)을 깨뜨린 뒤, 백성들로 하여금 다시는 향불을

기기묘묘한 중국의 옛이야기

피우고 제사를 지내지 못하게 하였다. 이러한 사실을 알게 된 너짜(哪吒)의 혼백은 매우 불쾌하여 태을진인(太乙眞人)을 찾아가 방법을 의논하였다. 이정(李靖)의 행태를 들어 알게 된 태을진인(太乙眞人) 또한 이정(李靖)의 좁은 도량을 한탄해 마지않았다.

그는 차마 너짜(哪吒)를 외로운 영혼으로만 방치해두기 어려웠다. 그래서 그는 연못에서 연뿌리를 가져다가 골격을 만들고, 연잎으로 피부를 만들고, 연꽃 꽃잎을 펼쳐서 사람 모습처럼 만들었다. 그리고 마지막으로 선단(仙丹)을 한가운데다 떨어뜨린 다음, 너짜(哪吒)의 혼백을 연꽃으로 만든 몸 속에 집어 넣는 주문을 외웠다.

"너짜(哪吒)여! 어서 빨리 사람이 되거라!"

그러자 커다란 소리가 울려퍼지면서 연뿌리로 만든 너짜(哪吒)가 살아 움직이기 시작했다. 너짜(哪吒)는 기쁜 얼굴로 자신의 새로운 몸뚱이를 바라본 뒤, 감격에 겨워서 무릎을 꿇고 태을진인(太乙眞人)의 재조(再造)의 은혜에 감사의 인사를 올렸다. 애제자(愛弟子)가 다시 살아난 것을 본 태을진인(太乙眞人)의 마음 또한 기쁘기는 매일반이었다. 그리하여 그는 화첨창(火尖槍), 풍화륜(風火輪), 건곤권(乾坤圈), 혼천릉(混天綾), 금전(金磚) 등을 너짜(哪吒)에게 모두 전해주고, 아울러 그에게 각종 법보(法寶)[8]들을 사용하는 방법들을 자세히 가르쳐 주었다. 얼마 되지 않아서 너짜(哪吒)는 신통한 능력을 터득하게 되었다. 그는 다시 한 번 사부(師父)에게 백배 감사를 드린 다음, 발로는 풍화륜(風火輪)을 밟고 손으로는 화첨창(火尖槍)을 휘

---

8 신화에서 요괴를 제압하거나 죽일 수 있는 보물.

두르면서 부리나케 동해를 향해 달려갔다.

그즈음 수정궁(水晶宮) 안에서는 동해 용왕이 다른 삼해(三海)의 용왕들을 불러다가 연회를 베풀고 있었다. 궁전 안은 태평성세를 찬미하는 춤과 노래로 온통 시끌벅적하였다. 그때 갑자기 하병(蝦兵) 하나가 뛰쳐들어와서 겁에 질린 얼굴로 소리쳤다.

"큰일났습니다. 너짜(哪吒)가 쳐들어 오고 있습니다!"

그때 '쾅!' 하고 누군가 수정궁(水晶宮)의 대문을 박차고 들어오는 소리가 들려왔다. 너짜(哪吒)의 돌격 앞에서 하병(蝦兵)과 해장(蟹將)은 모두 적수가 되지 못하였다. 어느 틈에 너짜(哪吒)는 초인적인 능력을 갖춘 채, 싸울수록 더 용감해지면서 털끝만치도 두려워하는 기색이 없었다. 그가 혼천릉(混天綾)을 부리고, 건곤권(乾坤圈)을 휘두르고, 화첨창(火尖槍)을 손 안에서 자유자재로 다루면서 치고 들어올 때마다 동해의 수군(水軍)들은 추풍낙엽처럼 나뒹굴어졌다. 사해 용왕은 처음에는 완강하게 버티어 보았으나 시간이 지날수록 너짜(哪吒)의 적수가 되지 못한다는 사실을 깨닫게 되었다. 그들은 껍질이 벗겨지고 힘줄이 뽑히는 말로(末路)를 보이고 싶지 않아서 너나 할 것 없이 목숨을 구걸하였다.

부활한 너짜(哪吒)가 용감무쌍한 무사로 변신해서 사해 용왕을 통쾌하게 물리치는 걸 본 진당관(陳塘關)의 백성들은 너나 없이 우루루 뛰쳐나와 환호하고 경축했다. 이때는 태을진인(太乙眞人)과 연등고불(燃燈古佛)[9]도 나타났다. 그들의 협조 아래 너짜(哪吒)와 이정

---

9 불교에서 과거불로, 석가모니의 전생에 수기를 준 부처이다. 과거세에 유동보살로서 보살계를 닦고 있

(李靖)은 마침내 옛정을 회복하고 부자 관계도 회복하였다. 연등고불(燃燈古佛)은 다시금 혹시라도 너짜(哪吒)가 말을 듣지 않을 경우를 대비하여 이정(李靖)에게 영롱한 보탑(寶塔) 하나를 선물하였다. 만약 너짜(哪吒)가 말을 듣지 않으면 탑 속에다 그를 가둘 수가 있었다. 너짜(哪吒)는 이정(李靖)이 가지고 있는 보탑(寶塔)이 두려워서 이후로는 다시는 함부로 버릇없이 굴지 않게 되었다.

뒤에 무왕(武王)이 주(紂)임금을 토벌할 때, 너짜(哪吒)는 몸에 지닌 뛰어난 기량을 기반으로 강태공(姜太公)의 선행관(先行官)[10]이 되어 큰 공을 많이 세웠다. 이정(李靖)의 또 다른 두 아들, 찐짜(金吒)와 무짜(木吒)도 공부를 마치고 하산(下山)하여 부친과 동생처럼 무왕(武王)을 도와서 주(紂)임금을 토벌하는 대업에 참여했다. 그리고 그들 또한 적지 않은 공을 세움으로써 마침내 신(神)으로 모셔졌으며 신선이 되었다.

을 때 석가는 스스로 부처가 되겠다는 서원(誓願)을 세웠다. 그러던 중 어느 날 연등불(燃燈佛)이 오신다는 소식을 듣고는 길가에서 기다리다가 7송이의 연꽃을 부처에게 공양하였다. 연등불은 미소로써 이를 받으시고는 '너는 미래세에 석가모니불이라는 부처가 될 것이다'라는 수기를 주셨다고 한다.
10 선두 부대의 지휘관.

백사전

白蛇傳

아주 오래전에 조그만 백사(白蛇) 한 마리가 있었다. 그는 천지(天地)의 신령한 기운을 빨아들여서 장생불사(長生不死)할 수 있게 되었다. 그리고 오랜 시간이 지나자 요괴로 둔갑하게 되었다. 신선을 동경한 그는 신선이 되기 위해 열심히 수련했다. 그리고 자신도 언젠가는 뱀의 허물을 벗고 속세를 떠나 신선이 될 수 있으리라고 기대했다.

세월은 흐르고 흘러 백사(白蛇)가 수련을 시작한 지도 어언 400여 년의 시간이 지났다. 그러던 어느 이른 봄날, 산간(山間)에서 수련을 하고 있던 그는 불행히도 땅꾼에게 붙잡히는 신세가 되고 말았다. 땅꾼에게 급소를 단단히 붙잡힌 그는 신통력을 써 볼 도리도 없었다. 백사(白蛇)는 그저 눈을 지그시 감고 죽기만을 기다렸다.

바로 이때, 피리 소리가 들리는가 싶더니 소를 탄 목동 하나가 땅꾼이 있는 쪽으로 다가오는 것이었다. 땅꾼의 손에 붙잡힌 백사(白蛇)를 보고 가여운 생각이 든 목동은 땅꾼에게 이렇게 부탁했다.

"아저씨, 뱀이 너무 불쌍한데 놔주시면 안 될까요?"

땅꾼은 당연히 안 된다고 말했다. 그러자 이리저리 생각하던 목동은 꾀를 하나 생각해 냈다. 그는 웃으면서 이렇게 말했다.

"아저씨, 피곤하실 텐데 잠깐 쉬세요. 그러면 제가 아저씨한테 피리를 한 곡 불어드릴게요."

말을 마치자 목동은 손에 든 피리를 들어올려 입에다 대고 한 곡을 뽑기 시작했다. 구성지고 감미로운 피릿소리에 매혹된 땅꾼은 땅에 엉덩이를 붙였다. 그 순간 뱀의 급소를 잡고 있던 땅꾼의 손에 힘이 약간 풀리게 되었다.

땅꾼이 서서히 경계심을 늦춘 것을 본 백사(白蛇)는 몰래 머리를 들어올려 땅꾼의 손등을 꽉 물었다. 땅꾼은 비명을 지르며 펄쩍 뛰어오르면서 급히 백사(白蛇)를 뿌리쳤다. 위험한 고비를 넘긴 백사(白蛇)는 꼬리를 흔들며 재빨리 숲속으로 사라지고 말았다.

백사(白蛇)가 손등을 물고 달아나 버리자, 땅꾼은 스스로 운이 없었다고 생각하면서 또 다른 목표물을 찾아서 가 버리고 말았다.

백사(白蛇)는 땅꾼에게 또다시 붙잡힐까봐 아미산(峨眉山)에 있는 백룡(白龍) 동굴로 가 수련에 몰두했다. '산속에서의 시간은 너무

　　　　　　　　　　　기기묘묘한 중국의 옛이야기

도 빨라, 순식간에 천 년의 세월이 흐른다(山中歲月容易過, 世上繁華已千年)'고 했던가? 어느 틈에 600년이라는 세월이 훌쩍 지나갔다.

천 년 동안 수련하여 하늘이 자신에게 부여한 모든 시험을 통과하게 된 백사(白蛇)는, 마침내 사람의 모습으로 거듭나게 되었다. 그는 하얀 저고리와 치마를 두른 빼어난 미모의 여인으로 변했다. 전신(前身)이 백사(白蛇)였던 그는 자신의 성을 백(白)씨로 정하고, 이름은 소정(素貞)이라고 했다.

사람으로 변한 그녀가 첫 번째로 찾아나섰던 것은, 600년 전에 자신을 구해준 목동을 찾아서 그날의 은혜를 갚는 일이었다. 관세음보살(觀世音菩薩)의 일깨움을 받아 그녀는 항주(杭州)에 이르렀다.

전당강(錢塘江)을 지나던 길에 백소정(白素貞)은 우연히 자신과 동일한 길을 걷고 있는, 수련(修鍊)한 지 500년쯤 된 청사(靑蛇)를 만나게 되었다. 그 청사(靑蛇)는 아직 수련 기간이 짧아서 의지가 부족하고 난폭하여 제멋대로 행동하였다. 그가 장차 인간 세상을 어지럽히게 될 것을 우려한 백소정(白素貞)은 재앙의 싹을 미리 잘라 버리기로 했다. 백소정(白素貞)은 보검(寶劍)을 뽑아들고 숲속에서 청사(靑蛇)와 맹렬히 싸웠다. 청사는 처음부터 백소정(白素貞)의 적수가 되지 못하였다. 그는 금세 수세에 몰렸다. 자신의 손에 죽을 위기에 처한 청사(靑蛇)를 보자, 백소정(白素貞)은 500년씩이나 수련한 그를 차마 죽일 수가 없었다. 백소정(白素貞)이 사정을 봐주자 이에 감복한 청사는 개과천선(改過遷善)하여 죽을 때까지 백소정(白素貞)을 따라다니기로 결심하였다. 이에 청사의 몸은 푸른 옷을 입은 여인

으로 변신하게 되었고, 이름을 '소청(小靑)'이라고 하였다. 그 후부터
두 사람은 친자매처럼 지내게 되었다. 그들은 청파문(淸波門)¹ 쌍차
(双茶) 골목에 있는 구왕부(裘王府)²라는 다 쓰러져 가는 집을 도술
로 새집으로 변환시킨 뒤, 임시로 거기에 묵으면서 새롭게 환생한 목
동을 찾기 시작했다.

갠 날엔 출렁대는 물빛 아름답고	水光瀲灩晴方好
비오는 날엔 뿌연 산빛이 기이하다	山色空濛雨亦奇
저 서호(西湖)³를 서시(西施)⁴에 견줄려니	欲把西湖比西子
화장을 하든 않든 예쁘기 짝이 없네	淡妝濃抹總相宜⁵

　서호(西湖)의 경치는 너무나 아름다워 아무리 봐도 싫증이 나질
않았다. 그래서 백소정(白素貞)과 소청(小靑) 두 자매는 아름다운 서
호(西湖) 호숫가에서 매일같이 항주(杭州)의 산과 물을 완상(玩賞)
하면서 새롭게 환생한 백소정(白素貞)의 은인을 찾아 헤맸다.

---

1 항주(杭州)의 10대 고성문(古城門) 중의 하나로서 서성문(西城門)의 하나다. 속칭 암문(暗門)이라고
　도 한다. 문루(門樓)가 서호(西湖)의 동남쪽에 인접한 까닭으로 '청파(淸波)'라는 이름을 갖게 되었다
　고 하는데, 풍경이 매우 뛰어나다고 한다.
2 '裘'는 성 씨고, '王府'는 왕족의 저택을 일컫는다.
3 중국 강소성 항주시의 서쪽에 있는 호수. 이곳은 중국인들 사이에서 '인간천당(人間天堂)'이라고 불리
　운다. 일설에 따르면, 서호의 경치는 갠 날보다 비오는 날이, 그리고 비오는 날보다는 달 밝은 날이, 달
　밝은 날보다는 눈 오는 날이 더 아름답다고 전한다.
4 중국 춘추 시대 월나라의 미인(?~?). 오나라에 패한 월나라 왕 구천이 서시를 부차에게 보내어 부차
　가 그 용모에 빠져 있는 사이에 오나라를 멸망시켰다.
5 소식(蘇軾)의 '飮湖上初晴後雨二首 (其一)'.

삼월 초사흗날 청명절(淸明節) 날이었다. 이날도 두 자매는 서호의 호숫가를 천천히 걷고 있었다. 때마침 두 사람이 단교(斷橋)[6] 위를 거닐고 있을 때, 맞은편에서 준수한 용모를 한 한 서생(書生)이 다가오더니 그들의 어깨를 스치고 지나갔다. 백소정(白素貞)은 머리를 돌려 서생의 뒷모습을 바라보면서 저도 모르게 사모하는 마음이 생겨 속으로 이렇게 생각했다.

'저 사람이 바로 내 생명을 구해준 그 은인의 환생이라면 얼마나 좋을까?!'

백소정(白素貞)의 마음을 눈치챈 소청(小靑)은 재빨리 그녀에게 도술을 이용해서 그 서생이 전생에 어떤 사람이었는지 알아보라고 했다. 소청(小靑)의 말대로 조사를 해봤더니 천만 뜻밖에도 정말로 그 목동의 환생이었다. 기쁨을 가누지 못한 백소정(白素貞)은 얼른 가서 아는 척을 하려고 했으나 유감스럽게도 그 서생은 벌써 배에 올라서 출발할 준비를 하고 있었다.

백소정(白素貞)은 절박한 나머지 몰래 도술을 써서 구름 한 점 없는 하늘에다 먹구름이 잔뜩 끼게 만들었다. 하늘은 금세라도 폭우가 쏟아질 것만 같았다. 소청(小靑)이 호수에 뜬 나룻배를 향해서 소리쳤다.

"아저씨! 아저씨! 우리 좀 청파문(淸波門)까지 태워다 주세요."

---

6 지금의 서호(西湖) 백제(白堤)의 동쪽 끝에 위치하는 다리. 이 다리는 고금 이래 서호에 있었던 무수한 다리 중에서 가장 명성이 높은 다리라고 전한다. 특히 본 고사(故事) 속에 나오는 백사(白蛇)와 허선(許仙)이 처음 만난 곳으로도 아주 유명하다.

비가 쏟아지려는 것을 본 서생은 여인들이 호숫가에서 비를 맞도록 차마 내버려 둘 수가 없어서 사공더러 배를 대게 한 뒤, 백소정(白素貞)과 소청(小青)을 타게 했다.

배에 올라탄 두 여인은 서생과 통성명을 했다. 이 서생의 성은 허(許)씨고 이름은 선(仙)이었으며, 자(字)는 한문(漢文), 집은 전당문(錢塘門)[7]에 있었다. 그는 청명절(淸明節)을 맞아 돌아가신 부모님께 제사를 지내고 배를 타고 집에 돌아가는 길에, 호숫가의 풍광(風光)을 유람하려던 참이었다.

이윽고 배가 청파문(淸波門)에 닿았다. 폭우가 아직 그치지 않은 것을 본 허선(許仙)은, 백소정(白素貞)이 비를 맞고 병이 날새라 자신의 우산을 꺼내 그녀에게 빌려주었다. 백소정(白素貞)은 충직하고 성실한 그가 바로 자신을 구해준 은인이란 사실에 기쁨을 감출 수가 없었다.

며칠 후, 허선(許仙)은 우산을 가지러 왔다. 원래 그가 우산을 빌려준 까닭은 백소정(白素貞)을 다시 만나보기 위한 목적에서였다. 두 사람의 마음을 눈치챈 소청(小青)은 두 사람 사이에 중매를 섰고 두 사람은 그날로 구왕부(裘王府) 안에서 맞절을 하고 혼인식을 올렸다. 이때부터 둘은 부부가 되어 끔찍이 사랑을 했다.

허선(許仙)은 본시 평범하고 보잘것없는 사람이었다. 그는 집안에 어진 아내를 두고 그럭저럭 세상을 보내면 그만이라는 생각을 가진 사람이었다. 허선(許仙)이 의술에 뜻이 있음을 본 백소정(白素貞)

---

7 항주(杭州)의 서성문(西城門) 중의 하나.

기기묘묘한 중국의 옛이야기

은 그를 위해 돈을 모아 의원(醫院)을 열고 그로써 살아갈 궁리를 하게 되었다. 그녀는 몰래 소청(小靑)을 시켜 관부(官府)에서 40개의 은원보(銀元寶)[8]를 훔쳐오게 한 다음, 허선(許仙)에게 주며 집에 돌아가 누이 부부에게 그걸 갖다주고 내친 김에 의원(醫院)도 열고 자신도 따라가서 인사를 드리자고 했다.

그러나 누가 뜻하였으랴? 허선(許仙)의 매부(妹夫)는 관부(官府)의 아역(衙役)[9]이었다. 그는 허선(許仙)이 가지고 온 말굽 은(銀)[10] 위에 찍힌 표지(標識)를 보더니, 그것이 다름 아닌 창고에서 분실했던 관부(官府)의 말굽 은(銀)이란 사실을 금방 눈치챘다. 그는 허선(許仙)을 관아(官衙)로 끌고 가서 신문하기 시작했다. 허선(許仙)은 백소정(白素貞)이 자신을 위해서 그런 짓을 했다는 사실을 잘 알고 있었다. 그런지라 차마 그녀의 이름을 입 밖에 내지 못하고 그 돈은 자신이 길에서 주워온 것이라고만 주장했다.

허선(許仙)이 붙잡혀 갔다는 소리를 들은 백소정(白素貞)은 소청(小靑)을 시켜 남아 있는 말굽 은(銀)들을 관부의 창고에 얼른 갖다 놓게 했다. 그리고 자신은 도술을 부려 허선(許仙)을 도왔다. 다행히 허선(許仙)은 중형을 면하고 가벼운 처벌을 받게 되어, 3년 동안 고소(姑蘇)[11]로 유배를 가게 되었다.

---

8 원보(元寶)는 옛날 중국 화폐의 하나로서, 말발굽처럼 생긴 다섯 냥·열 냥짜리 금원보와 쉰 냥짜리 은 원보가 있었다.
9 옛날 관아에서 부리던 하인.
10 옛날 중국에서 화폐로 쓰던 말발굽처럼 생긴 은(銀).
11 지금의 중국 강소성 소주(蘇州)를 말한다.

허선(許仙)은 누이 부부와 작별하고 전당문(錢塘門)을 떠나 고소 (姑蘇)로 향했다. 백소정(白素貞)과 소청(小靑)은 고소(姑蘇)까지 쫓 아가 마침내 부부가 한 자리에 모이게 되었다. 백소정(白素貞)은 자 신의 신분과 진실을 감추기 위해서 허선(許仙)에게 이렇게 거짓말을 했다. '누군가 백(白)씨 가문을 모함하려고 말굽 은(銀)을 백(白)씨 집안에다 놓고 갔는데, 뜻밖에도 허선(許仙)이 거기 연루되게 된 것' 이라고. 허선(許仙)은 아내를 믿어 의심치 않았다. 이로부터 두 사람 의 사랑은 더욱 깊어만 갔다.

얼마 뒤, 백소정(白素貞)과 허선(許仙)은 소주(蘇州)에다 '보안당 (保安堂)'이라는 의원(醫院)을 열고 의술을 베풀어서 병들고 죽어가 는 사람들의 병을 고쳐주었다. 백소정(白素貞)은 남편을 지극정성으 로 도왔다. 그녀는 남편이 고치기 어려운 각종 병을 처리할 때마다 뒤에서 몰래 도술을 베풀어 그를 도왔다. 이로부터 허선(許仙)의 의 원(醫院)은 날로 번창하였으며 그의 명성 또한 날로 높아만 갔다. 사 람들은 모두 허선(許仙)이 정말 좋은 의사라고 입을 모아 칭송했다.

어느덧 그들이 결혼한 뒤 첫 번째로 맞이하는 단오절(端吾節)이 다가왔다. 이것은 백소정(白素貞)과 소청(小靑)에게는 커다란 걱정 거리였다. 왜냐하면 원래 그들 뱀들이 가장 두려워하는 것은 바로 혹 심한 더위였기 때문이다. 그런데 단오절은 일 년 중에서도 태양이 가 장 뜨거운 날이었던 것이다. 백소정(白素貞)은 소청(小靑)의 수련이 아직 부족하여 그 정체가 탄로날까봐 매우 걱정되었다. 그래서 그녀 는 소청(小靑)을 얼른 동굴 속으로 피신시킨 뒤, 단오절이 지난 뒤에

다시 나오게 했다. 그리고 자신은 행여 허선(許仙)이 의심을 할새라, 자기의 깊은 수련을 믿으면서 태연히 집에 남아 남편과 함께 단오절을 지내기로 했다.

드디어 단오절이 되자 허선(許仙)은 웅황주(雄黃酒)를 들고 집에 돌아왔다. '웅황(雄黃)'은 몸 안에 든 독을 풀어주고 귀신을 물리치는 것으로서, 웅황주(雄黃酒)를 마시는 일은 단오절의 중요한 풍속 중의 하나였다. 그런데 '웅황(雄黃)'은 뱀들이 가장 무서워하는 것이기도 했다. 다만 백소정(白素貞)은 이와 같은 내막을 전혀 알지 못하고 있었다. 두 사람은 단오절을 맞아 웅황주(雄黃酒)를 주거니 받거니 연달아 마셔댔다. 이번에야말로 정말 큰일이 나고야 말았다. 백소정(白素貞)이 비록 심후한 신통력을 지니고 있긴 했지만 마침내 그 정체가 탄로나고 말았다. 허선(許仙)은 대경실색하였다.

한밤중에야 술에서 깨어나 다시 사람의 모습으로 돌아온 백소정(白素貞)은 이미 죽어 있는 허선(許仙)을 발견하였다. 자신의 정체가 탄로나 남편이 죽은 것을 알게 된 그녀는 후회스럽기 그지없었다. 그래서 그녀는 남극선옹(南極仙翁)[12]의 동부(洞府)[13]를 찾아가서 선초(仙草)[14]를 훔쳐다가 허선(許仙)의 목숨을 구하기로 결심했다.

백소정(白素貞)은 구름과 안개를 타고 순식간에 자미산(紫薇山)[15]

---

12 '남극선옹'은 중국 신화 전설 속의 '노수성(老壽星)'을 일컫는 말이다. 원래 그는 천왕(天王)의 아홉 번째 아들로서, 사람의 건강과 수명을 주관하기 때문에 '수성(壽星)' 혹은 '노수성(老壽星)'이라고 부르게 되었다고 한다. 일명 '남극진군(南極眞君)' 혹은 '장생대제(長生大帝)'라고도 부른다.

13 신선이 사는 곳.

14 먹으면 장생불로(長生不老)하거나 죽은 자를 다시 살아나게 한다는 전설 속의 신령한 풀.

15 중국 절강성 구현(衢縣) 남쪽에 있는 산. 산림이 우거졌으며 기암괴석으로 이루어져 있다.

의 남극선옹(南極仙翁)이 사는 동부(洞府) 밖에 도착했다. 그런데 자세히 보니, 놀랍게도 동굴의 입구를 지키고 있는 것은 다름 아닌 남극선옹(南極仙翁)의 두 번째 제자(弟子)인 선학동자(仙鶴童子)였다. 선학(仙鶴)은 원래 뱀의 천적(天敵)이었다. 그러나 남편을 구하려는 마음이 너무도 절실했던 백소정(白素貞)은 천 년의 수행을 포기하는 한이 있더라도 선초(仙草)만큼은 반드시 손에 넣고야 말겠다고 생각했다.

백소정(白素貞)은 이를 악물고 선학동자(仙鶴童子)와 싸웠다. 그리고 그를 유인하여 동굴 밖으로 나오게 한 다음, 대비가 소홀해진 틈을 이용해 동굴 속으로 얼른 들어가서 자미산(紫薇山)의 보배인 영지선초(靈芝仙草)를 뜯어냈다. 그녀가 이미 선초(仙草)를 손에 넣은 것을 보자 초조해진 선학동자(仙鶴童子)는 공세의 수위를 한층 높여갔다.

아까 동굴로 돌진할 적에 이미 기력을 소진해버렸던 백소정(白素貞)은 이젠 더 이상 선학동자(仙鶴童子)를 막아낼 방법이 없었다. 그래서 그녀는 할 수 없이 들고 있던 보검을 내려놓고 지그시 눈을 감고 큰 소리로 말했다.

"내 남편이 나 때문에 죽음을 당했다오. 그래서 죽음을 무릅쓰고 선초(仙草)를 훔치려고 한 것이오. 내가 동자(童子)의 적수가 되지 못한다는 사실은 나도 잘 알고 있지요. 다만 죽기 전에 부탁이 하나 있소. 만약에 동자께서 나의 1천 년 동안이라는 결코 쉽지 않은 수련을 조금이라도 아까워하는 마음이 있다면, 내가 죽은 뒤에 제발 내

기기묘묘한 중국의 옛이야기

남편의 목숨을 살려주시오."

　선학동자(仙鶴童子)는 백소정(白素貞)의 하소연 따위는 아랑곳하지 않은 채, 그녀를 그대로 죽이려고 했다. 이같이 아주 위태로운 순간에 남극선옹(南極仙翁)과 관세음보살이 나란히 나타나서, 백소정(白素貞)을 죽이려는 선학동자(仙鶴童子)를 급히 말렸다.

　은혜를 갚기 위해서 죽음도 불사하는 백소정(白素貞)의 모습에 감동한 관세음보살은, 남극선옹(南極仙翁)에게 영지선초(靈芝仙草) 한 그루를 달라고 하여 백소정(白素貞)에게 주면서 어서 가서 허선(許仙)을 살리라고 하였다.

　백소정(白素貞)은 관세음보살과 남극선옹(南極仙翁)에게 감사를 드린 뒤, 급히 인간 세상으로 돌아가 허선(許仙)에게 영지선초(靈芝仙草)를 먹였다. 영지선초(靈芝仙草)는 과연 효과가 있었다. 잠시 후 허선(許仙)은 숨이 다시 돌아왔다.

　허선(許仙)은 다시 깨어난 뒤에도 백소정(白素貞)을 보자 무서워서 벌벌 떨었다. 그러자 백소정(白素貞)과 소청(小靑)은 도술을 부려서 집 안에 피살된 큰 구렁이가 진짜로 있는 것처럼 환상(幻象)을 만들어냈다. 그러자 여기에 속아넘어간 허선(許仙)은 더 이상 두려워하거나 걱정을 하지 않게 되었다. 이로부터 두 부부는 예전처럼 사랑을 했다.

　얼마 뒤, 백소정(白素貞)은 자신이 허선(許仙)의 아이를 밴 사실을 알게 되었다. 허(許)씨 집안의 뒤를 이을 아이가 생긴 것을 안 허선(許仙)은 매우 기뻤다. 때마침 서건(徐乾)이라고 하는 친구를 우연히 만나게 되었는데, 허선(許仙)에게 자기와 같이 진강(鎭江)[16]에 있는 금산사(金山寺)[17]에 가자고 했다. 흔연히 그를 따라 나선 허선(許仙)은 절에 간 김에 아직 태어나지도 않은 자신의 아기를 위해 복을 빌었다. 그런데 예불을 마치고 오다가 공교롭게도 운유(雲遊)[18]하고 돌아오는 법해선사(法海禪師)와 마주치게 되었다.

허선(許仙)을 흘끗 쳐다본 법해선사(法海禪師)는 낯빛이 크게 변하더니 입을 열어 이렇게 말했다.

"아미타불! 시주(施主)[19]의 집에 있는 아내와 시녀는 뱀이 변신한 요물(妖物)이라네. 그런데도 미색(美色)에 홀려 아직까지 정신을 못 차리는구먼!"

백소정(白素貞)과 소청(小青)을 헐뜯는 중의 말에 허선(許仙)은 화가 머리끝까지 치밀었다.

"말도 안 되는 소릴! 우리 집사람은 마음씨가 착해서 아직까지 나쁜 짓이라곤 해본 적이 없습니다. 그런데 그게 대체 무슨 소립니까?"

그러자 법해선사(法海禪師)가 말했다.

"이 늙은이가 자네한테 왜 거짓말을 하겠나? 자네도 잘 알겠지만 뱀은 웅황(雄黃)을 무서워한다네. 자네 기억나지? 백소정(白素貞)이 단옷날 자네가 준비해온 웅황주(雄黃酒)를 마시고 정체가 드러났을 때, 그 때문에 자네가 놀라 죽지 않았나?"

---

16 중국 강소성 남쪽의 남경(南京)과 인접한 도시 이름.

17 1,500여 년 전에 지어진 진강(鎭江)의 절.

18 여기저기 구름처럼 돌아다님. 주로 승려나 도인 등 출가인에게 쓰인다.

19 불가 용어. 자비심으로 조건 없이 절이나 승려에게 물건을 베풀어주는 사람.

기기묘묘한 중국의 옛이야기

단옷날 있었던 일들이 허선(許仙)의 머릿속을 불현듯 스쳐 지나갔다. 듣고 보니 의심스러운 생각이 없지 않았다. 그러나 그는 백소정(白素貞)이 평상시 자신에게 얼마나 잘해주었는가를 생각하면서, 법해(法海)를 꾸짖어 말했다.

"그럴 리가 있습니까? 제가 놀라서 죽었다면 어떻게 펄펄 살아 지금 이 자리에 이렇게 서 있을 수 있겠습니까?"

"그건 자네 집사람이 영지선초(靈芝仙草)를 구해다가 자넬 살려냈기 때문이라네."

법해(法海)는 계속 말을 이었다.

"시주(施主), 정신 차리게나. 그때 자네가 보았던 죽은 백사(白蛇)는 마술을 써서 그렇게 보이게 했던 것일 뿐일세!"

이 말에 마음이 크게 흔들린 허선(許仙)은 참지 못하고 이렇게 물었다.

"그렇다면, 대사(大師)님! 만약에 우리 집사람과 소청(小靑)이 뱀이 변신한 요물이라고 한다면, 어째서 지금까지 절 해치지 않고, 계속 절 도와주고 보살펴주기만 했을까요?"

법해(法海)는 고개를 가로저으며 말했다.

"아니, 아니야. 틀렸어. 그들은 요물이고, 요물이기 때문에 반드시 사람을 해치게 되어 있지. 그들이 지금 당장 자네를 해치지 않는 까닭은 아직 때가 이르지 않았기 때문일세."

허선(許仙)은 한동안 벙어리처럼 말을 잇지 못했다. 그는 법해(法海)의 말에도 믿음이 가긴 하였으나, 밤낮으로 늘 자신과 같이 생활하는 아내가, 놀랍게도 뱀이 변한 요물이었다는 사실이 도무지 믿기지가 않았다. 아직도 잘못에서 헤어날 줄 모르는 허선(許仙)을 본 법해(法海)는 제자에게 명하여 그를 절 안에 있는 탑 속에다 억지로 가둬 놓게 했다.

저녁이 다 되도록 허선(許仙)이 돌아오지 않자, 백소정(白素貞)은 소청(小青)을 시켜 이리저리 소식을 알아보게 했다. 그러다가 금산사(金山寺)의 법해선사(法海禪師)가 허선(許仙)을 가둔 사실을 알게 되었다. 허선(許仙)의 안위(安危)를 크게 걱정한 백소정(白素貞)은, 법해(法海)에게 허선(許仙)을 풀어달라고 간청하기 위해 소청(小青)과 함께 그 길로 곧장 금산사(金山寺)로 달려갔다. 그러나 뜻밖에도 법해(法海)는 그녀를 보자마자 큰 소리로 꾸짖었다.

"이 요물들아! 산속에 들어가서 수련이나 할 일이지, 어찌 기어나와서 인간 생활을 흠모하고 요망하게 인간과 짝을 맺으려고 한단 말이냐!"

"선사님, 우리 서방님을 제발 풀어주세요."

백소정(白素貞)은 두 무릎을 꿇고 하소연을 했다. 6백 년 전, 자신이 허선(許仙)의 전생(前生)인 동자로부터 은혜를 입었는지라, 수행을 통해 금세(今世)에 사람이 돼서 은혜를 갚으려고 온 것일 뿐, 전혀 다른 뜻은 없노라고……. 그러나 법해(法海)는 시종 요지부동일 뿐, 허선(許仙)을 선뜻 풀어주려고 하지 않았다.

백소정(白素貞)은 더 이상 참을 수 없었다. 바야흐로 때는 팔월 중추절 전후였다. 전당강(錢塘江)의 수위(水位)가 고조(高潮)되기를

기기묘묘한 중국의 옛이야기

기다려서, 그녀는 소청(小靑)과 함께 주문을 외웠다. 금산(金山)을 수몰(水沒)시켜 허선(許仙)을 구출할 작정이었다.

잠깐 동안 바닷물이 역류하는가 싶더니, 갑자기 산을 휩쓸어 버릴 듯한 기세로 맹렬히 돌진해 왔다. 진강(鎭江)의 백성들은, 아까까지만 해도 바람 한 점 없이 잔잔하던 전당강물에, 거세게 용솟음치는 파도가 일어서 삽시간에 집과 논밭이 홍수로 물난리가 나는 모습을 놀라운 눈으로 바라만 보고 있었다. 물 위에는 시체들과 가축들이 둥둥 떠다니고 도처에 이재민들이 깔려 있었으며, 하늘조차도 슬퍼하는 듯이 보였다.

법해(法海)는 재빨리 가사(袈裟)[20]를 벗어서 금산사(金山寺)를 감쌌다. 그리고 손에 선장(禪杖)[21]을 들고 백소정(白素貞)과 도술을 겨루면서 대갈일성하였다.

"이 못된 짐승들아! 너희가 감히 금산(金山)을 수몰시켜? 이렇게 하면 얼마나 많은 무고한 백성들이 죽고 다치는 줄이나 아느냐? 천인공노(天人共怒)할 놈들 같으니라구!"

백소정(白素貞)도 지지 않고 말했다.

"네가 계속 우릴 핍박하며 우리 집안 식구를 안 풀어주려고 하다가 일이 이렇게 꼬인 것이니, 네 놈도 그 책임을 면할 순 없지!"

백소정(白素貞)은 싸우는 도중 갑자기 복부에 통증을 느꼈다. 그녀는 신통력을 과도하게 쓰다가 태동(胎動)이 일어나고 말았음을 알

---

20 승려가 장삼 위에, 왼쪽 어깨에서 오른쪽 겨드랑이 밑으로 걸쳐 입는 법의(法衣).
21 참선(參禪)할 때 조는 승려를 깨우는 데 쓰는, 대나 갈대로 만든 지팡이.

았다. 소청(小靑)은 백소정(白素貞)이 더 이상 버티지 못함을 보고, 이를 악물고 백소정(白素貞)을 데리고 뛸 수밖에 없었다. 왜냐하면 그녀는 처음부터 법해(法海)의 적수가 되지 못했기 때문이다.

물난리로 진강(鎭江)의 거류민들은 온몸에 상처를 입은 채 갈 곳을 잃고 떠돌아다니고 있었다. 달아나면서 이러한 장면을 목격한 둘은 매우 불쌍한 생각이 들었다. 백소정(白素貞)은 회한과 자책이 섞인 말투로 말했다.

"금산사(金山寺)를 수몰시키려다가 무고한 백성들을 이 지경에 빠뜨리다니, 난 정말 죽어도 마땅하구나!"

소청(小靑)은 찢어 죽여도 시원찮을 법해(法海)를 머릿속에 떠올리면서 한스럽게 말했다.

"언니, 그 대머리 까진 당나귀 같은 법해(法海)란 놈만 아니었어도 우리가 이렇게 큰 잘못을 저지르진 않았을 거예요. 허선(許仙) 서방님을 못 구한 것이 한스럽기 짝이 없네요. 언니, 우리 지금은 잠시 피해 있다가 나중에 좋은 방도를 생각해 봅시다."

사실은, 백소정(白素貞)이 금산사(金山寺)를 수몰시켰을 적에, 절간의 어린 사미승이 허선(許仙)을 몰래 풀어주었다. 자신을 위해 백소정(白素貞)이 한 일들을 모조리 목격한 허선(許仙)은, 부끄럽고 불안하기 짝이 없었다. 그는 넋을 잃은 채 백소정(白素貞)을 찾아서 무작정 걸었다. 그러다가 그는 얼떨결에 그들이 처음으로 만났던 단교(斷橋)까지 오게 되었다.

그때, 하늘이 도우신 것인지 허선(許仙)을 찾아 헤매던 백소정(白

素貞)과 소청(小靑)도 단교(斷橋)에 도착하게 되매, 두 사람은 뜻하지 않게 단교(斷橋) 위에서 다시 만나게 되었다.

허선(許仙)은 회한이 가득한 어조로 말했다.

"여보, 미안하오. 다른 사람이 당신을 헐뜯는 말을 듣지 말았어야 했는데, 금산사(金山寺)에 잘못 갔다가 그만 당신에게 큰 고통만 안겨주고 말았구려."

백소정(白素貞)은 흐느끼면서 머리를 가로저었다.

"아니에요, 서방님. 전 서방님을 조금도 의심하지 않아요. 그러니 지난 일은 다 잊어버리세요."

그러나 곁에 있던 소청(小靑)만큼은 물러서려고 하지 않았다. 그녀는 분노를 띤 어조로 허선(許仙)을 향해 말했다.

"언니가 당신한테 얼마나 잘해준 줄 알아? 그런데 그런 줄도 모르고 은혜를 원수로 갚다니, 정말 화가 나서 견딜 수가 없구먼. 내, 네 놈을 당장 죽여버리고야 말겠다!"

백소정(白素貞)은 급히 소청(小靑)을 뜯어말렸다. 허선(許仙)도 앞으론 다시는 다른 사람들의 참언을 함부로 듣지 않겠다고 맹세했다. 소청(小靑)은 그제서야 허선(許仙)을 놓아주었다. 허선(許仙)과 백소정(白素貞) 부부는 다시금 단란한 가정을 이루게 되었다.

허선(許仙)은 진강(鎭江)의 수재(水災) 때 그들의 집도 물난리를 당한 사실을 생각하고 전당문(錢塘門)에 있는 누이의 집으로 가서 살자고 했다. 세 사람은 즐거운 마음으로 전당문(錢塘門)으로 돌아왔다. 허선(許仙)이 건강한 몸으로 어질고 똑똑한 아내를 데리고 돌아온 것을 본 누이는 뛸 듯이 기뻐했다.

금산사(金山寺)의 사건이 있은 후부터, 백소정(白素貞)의 마음은 자못 불안하기 그지없었다. 그녀는 더 이상 허선(許仙)을 속이고 싶지 않았다. 그래서 그녀는 허선(許仙)에게 진상을 말해주기로 마음을 먹었다.

"법해(法海)의 말은 낱낱이 다 사실이랍니다. 저는 본래 백사(白蛇)였지요. 그런데 어느 날, 수련을 하고 있던 중에 재수없게 땅꾼에게 붙들려서 죽을 위기에 처했답니다. 그때 요행히 한 목동 아이가 나타나 저를 구해준 덕에 저는 깊은 산속에서 계속 수련을 할 수 있었지요. 뒤에 저는 수련을 통해 뱀의 허물을 벗고 인간이 될 수 있었답니다. 인간이 된 뒤, 저는 마음속으로 그때 제 목숨을 구해준 그 목동 아이를 찾아서 반드시 보답을 하겠다고 굳게 맹세했습니다. 그리고 관세음보살의 가르침에 따라 저는 서호(西湖)의 단교(斷橋) 위에서 바로 그 사람을 찾게 되었답니다."

"그렇다면, 당신을 구해준 그 목동 아이의 후신(後身)이 바로 나란 말이오?"

허선(許仙)은 멈칫거리며 물었다.

백소정(白素貞)은 허선(許仙)을 쳐다보며 고개를 끄덕였다. 멍하니 백소정(白素貞)을 바라보고 있던 허선(許仙)은, 갑자기 백소정(白素貞)에게 허리를 굽혀 인사를 하면서 정중한 어조로 말했다.

"덕도 없고 능력도 없는 내가, 당신처럼 정숙하고 마음씨 고운 그런 여자를 아내로 맞이했구려. 비록 당신이 사람이 아니라고는 하지

기기묘묘한 중국의 옛이야기

만, 당신은 마음씨가 착해서 은혜를 갚으려고 여기 왔소. 또 우리가 부부가 된 뒤로, 당신은 의술로 사람을 구하고 세상을 이롭게 했소. 그래서 주위 사람들은 모두 당신을, '인간의 고난을 구제하는 살아 있는 보살'이라고 칭찬했소. 그러니 내 어찌 당신에게 감격하지 않을 수 있으며, 내 어찌 당신이 두렵겠소? 전에는 잘 몰라서 다른 사람의 참언을 믿고 당신을 의심하고 싫어했지만, 지금은 모든 걸 다 알게 되었소. 내 반드시 당신과, 그리고 앞으로 태어나게 될 우리 아이를 잘 보호해 주리다. 이제 다시는 그 누구도 우리 사이를 갈라놓는 일은 없을 것이오!"

남편의 말에 감동한 백소정(白素貞)은 하염없이 눈물을 흘렸다. 그로부터 이들 부부 사이에는 다시는 조그만 틈도 없게 되었다.

얼마 뒤, 둘은 다시 의원(醫院)을 열어 사람들의 병을 치료해 주었다. 전당문(錢塘門)의 백성들은 그들의 은혜를 받은 다음, 사람마다 그들 부부를 '세상을 구하는 살아 있는 보살'이라고 칭찬해 마지않았다.

그리고 나서 다시 얼마 뒤, 백소정(白素貞)은 씩씩한 사내아이를 낳았고, 아들의 이름을 허사림(許仕林)이라고 하였다. 그런데 아이를 출산한 지 채 한 달도 되지 않았는데 갑자기 법해(法海)가 또 나타났다. 애초에 법해(法海)는 백소정(白素貞)과 도술을 겨루던 그날, 그녀가 임신한 사실과, 그녀의 뱃속에 있는 아이가 바로 천상(天上) 문곡성(文曲星)[22]의 환생(幻生)이란 사실을 알아챘다. 법해(法海)는

---

22 문곡성(文曲星)은 북두칠성의 4번째 별로서, 북두칠성의 자루 부분과 머리 부분이 맞닿는 곳에 위치

쥐를 잡으려다 그릇을 깰까 무서워서 백소정(白素貞)이 문곡성(文曲星)을 출산할 때까지 기다렸다가 퇴치하기로 했다. 그러다가 백소정(白素貞)이 아이를 출산한 사실을 알고는, 천 년 묵은 요괴를 퇴치할 때는 지금이라고 생각하여 찾아온 것이었다.

아이를 낳은 지 얼마 안 된 백소정(白素貞)은 몸이 아직 허약해서 처음부터 법해(法海)의 상대가 되지 못하였다. 그녀는 젖 먹던 힘까지 다해서 맞서보았지만, 끝내 법해(法海)에게 붙들리는 몸이 되고 말았다. 법해(法海)는 백소정(白素貞)을 금으로 된 사발 속에다 억지로 집어넣은 다음, 뇌봉탑(雷峰塔)[23]으로 꽉 눌러 놓았다.

탑 밑에 집어넣을 때 법해(法海)는 이렇게 말했다.

"백소정(白素貞)! 만약에 네가 네 잘못을 진심으로 뉘우치고 경건한 마음으로 수행을 한다면, 20년 뒤 문곡성(文曲星)이 장원급제하는 날, 바로 그날이 네가 탑에서 해방되는 날이 될 것이다. 그러나 또다시 속세에 미련을 버리지 못하여 보탑(寶塔)을 함부로 벗어나서는 절대 안 되느니라. 만약에 그랬다간 서호(西湖)가 말라붙고 뇌봉탑(雷峰塔)이 무너져서 너 또한 다시는 세상에 나오지 못하게 될 것이다. 명심할지어다. 아미타불."

허선(許仙)은 아내가 법해(法海)에게 붙들려 가는 것을 뻔히 보면서도 아무것도 할 수가 없었다. 그는 비통하기 짝이 없었으나 아

하는 별이다. 중국의 신화 전설에 따르면, 문곡성은 문운(文運)을 주관하는 별인데, 문장을 잘해서 관리로 채용된 뒤 대관(大官)을 지낸 사람들은 문곡성이 환생한 인물들이라고 한다.

23 서호(西湖) 남쪽 연안에 있는 석조산(夕照山) 뇌봉(雷峰) 위에 있는 탑을 말한다. 일명 황비탑(黃妃塔)이라고도 한다.

기기묘묘한 중국의 옛이야기

내를 대신해서 벌을 받지 못하는 자신을 그저 한탄할 뿐이었다. 그는 아들 허사림(許仕林)을 누이와 매부에게 길러 달라고 맡겼다. 그리고 자신은 금산사(金山寺)로 가, 아내 백소정(白素貞)과 같이 속죄하기 위해 출가를 했다. 그렇게 함으로써 죄값을 치르고 일이 원만히 해결되어 아내가 한시바삐 탑 밖으로 풀려나게 되었으면 했던 것이다.

백소정(白素貞)을 풀려나게 할 방법이 없자 소청(小靑)은 괴롭기 짝이 없었다. 그러다가 뒤에 다행히 관세음보살의 가르침을 받아서 백룡(白龍) 동굴로 돌아가 수련에 전념하였다.

20년 뒤, 허사림(許仕林)은 훌륭하게 자라 어른이 되었다. 그는 매우 총명하여 한 번 읽은 책은 잊지를 않았다. 자신의 신세를 알게 된 후, 그는 더욱 분발하고 노력하면서 어머니 백소정(白素貞)을 탑에서 풀려나게 하고야 말겠다고 맹세했다. 과연 그는 기대를 저버리지 않고 장원급제해서 돌아왔다. 허 장원(許壯元)은 뇌봉탑(雷峰塔) 아래서 제사를 지냈다. 그러자 하늘이 그 효성에 감동해 백소정(白素貞)은 마침내 탑 밑에서 풀려나게 되었고, 마침내 온 가족이 단란하게 한데 모여 기쁨의 눈물을 흘렸다.

한 자리에 모인 백소정(白素貞)과 허선(許仙) 두 사람은 이전의 삶을 가슴에 아로새기면서, 도를 깨달아 신선이 되어서 나란히 승천하였다.

양산백과 축영대

梁山伯與祝英臺

1천 년쯤 전에, 절강성(浙江省) 상우(上虞)[1]에 축(祝)씨 성을 가진 집안이 있었다. 그 집안의 축 원외(祝員外)[2]에게는 축영대(祝英臺)라고 하는 딸이 하나 있었다. 이제 막 19살이 된 축영대(祝英臺)는 똑

---

1 상우(上虞)는 절강성 동북부, 소우평야(紹虞平原) 중앙에 위치하며, 바다를 사이에 두고 상하이와 마주보고 있는 곳이다.

2 원외(員外)는 중국의 옛 관직명으로, 원외랑(員外郎)이 줄어든 말이다. 원외랑은 본디 '정원 외로 둔 관직'이란 뜻을 지닌다. 삼국시대(三國時代) 위(魏)나라 말에 처음으로 설치되어, 진(晉)나라 이후에는 원외(員外)의 산기시랑(散騎侍郎)을 가리켰고, 수(隋) 문제(文帝) 때는 각사(各司)의 차관(次官)을 가리키는 말이었다. 그리고 당송(唐宋) 연간에는 낭중(郎中)과 함께 낭관(郎官)이라 통칭하여 중앙 관서의 요직을 의미했다. 그러나 명(明)나라 시절에 들어서면서부터는 점차 허직(虛職)이 되어, 돈 있는 자들이 돈만 주면 얻을 수 있는 관직으로 추락했다. 그리하여 명·청(明·淸)의 시기에는 원외랑이란 관직은 거의 돈 많은 부자와 동일한 의미로 사용되었다.

똑하고 매우 아름다워, 축(祝) 영감은 그녀를 장중보옥(掌中寶玉)처럼 귀하게 키웠다. 다만, 축(祝)씨 집안은 가정교육이 매우 엄격하여 집안의 여자들이 멋대로 밖에 나가지 못하게 하였다. 그래서 천성이 활달했던 축영대(祝英臺)는 집 안에 틀어박혀 책을 읽거나 붓글씨 연습을 할 수밖에 없었다.

어느 날, 영대(英臺)는 홀로 멍하니 창문에 기대어 있었다. 그때 어디선가 문득 낄낄거리며 와자지껄 떠드는 소리가 들려왔다. 알고 보니 멀지 않은 곳에서 한 무리의 서생들이 항주(杭州)로 글공부를 하러 가기 위해 배에 올라탈 준비를 하고 있었다. 그들의 자유분방하고 무사태평한 모습이 영대(英臺)는 너무도 부러웠다. 그녀는 급히 뛰어가서 부친에게 말했다.

"아버지, 저 항주(杭州)로 글공부하러 갈래요."

이 말을 듣자 부친은 소스라치게 놀랐다.

"그게 대체 무슨 말이냐! 뉘집 아녀자가 집 밖에 나가 사람들 앞에서 함부로 얼굴을 드러낸단 말이냐?"

영대(英臺)는 크게 실망하여 시무룩한 표정으로 방에 돌아왔다. 아가씨의 표정이 좋지 않음을 눈치챈 하녀 은심(銀心)이 조심스럽게 물었다.

"아가씨, 대체 왜 그러세요?"

영대(英臺)는 자신의 마음을 은심(銀心)에게 말했다. 영대(英臺)의 말을 들은 은심(銀心)은 함께 걱정이 되었다. 둘은 방 안에서 한참 동안을 소곤거리더니, 마침내 좋은 방법을 생각해냈다.

기기묘묘한 중국의 옛이야기

며칠 후, 은심(銀心)이 축 원외(祝員外)에게 아뢰었다.

"나리, 나리께서 항주(杭州)에 못 가게 하시자 아가씨가 입맛을 잃고 병이 나셨습니다."

그 말을 들은 축 원외(祝員外)는 조바심이 나서 황급히 말했다.

"그럼, 어서 가서 의원을 모셔오지 않고 뭘 하고 있느냐!"

은심(銀心)은 축 원외(祝員外)가 걱정하는 모습을 보고 얼른 말했다.

"나리, 지금 밖에 역술가 선생이 한 분 와 계시는데, 그 역술가 선생께 아가씨의 점괘를 봐 달라고 하면 어떻겠습니까?"

축 원외(祝員外)는 고개를 끄덕이면서 그러자고 했다.

잠시 후, 은심(銀心)이 그 역술가를 모시고 들어왔다. 역술가는 미목(眉目)이 빼어나고 아름다워서 그 용모가 예사롭지 않았다.

축 원외(祝員外)는 은심(銀心)에게 향안(香案)[3]을 준비하게 한 뒤, 역술가에게 말했다.

"우리 여식(女息)이 며칠 전에 글공부하러 항주(杭州)에 가겠다고 난리를 피운 적이 있었지요. 그래서 내가 허락을 해주지 않았더니, 딸아이가 급기야 병이 나고 말았구려. 선생이 점괘 좀 봐 주시겠소?"

역술가는 손가락으로 육갑(六甲)을 짚어보더니, 양미간을 찡그리며 축 원외(祝員外)와 은심(銀心)을 번갈아 쳐다보았다. 그리고는 무슨 말을 하려다가 입을 다물었다.

---

3 옛날, 향로·촛대·제물 등을 올려놓는 긴 탁자.

그러자 축 원외(祝員外)가 급히 물었다.

"선생, 점괘가 어떻게 나왔소?"

역술가가 대답했다.

"따님을 집안에 두시면 좋지 않을 듯합니다."

축 원외(祝員外)는 깜짝 놀라 느린 걸음으로 방 안을 왔다 갔다 하면서 말했다.

"이런, 이 일을 어찌하면 좋을꼬?"

역술가가 웃으며 말했다.

"한 4, 5년만 밖에서 피해 있게 하시면 모든 일이 저절로 좋아질 터이니, 원외(員外)께서는 따님이 항주(杭州)에 가도록 그냥 놔 두십시오."

그 말을 들은 축 원외(祝員外)는 안심이 된 듯 길게 한숨을 내쉬었다.

이때 갑자기 은심(銀心)이 키득키득 웃음을 터뜨렸다. 그러자 역술가가 옷과 모자를 벗어던지고 본래의 아름다운 자태를 드러내는데, 다시 보니 다름 아닌 축영대(祝英臺)였다.

축 원외(祝員外)는 크게 노(怒)하여 자신을 희롱한 영대(英臺)와 은심(銀心)을 꾸짖었다. 영대(英臺)는 내친 김에 부친에게 다시 한 번 간청을 드렸다.

"아버지, 아버지께서 아녀자는 집 밖에 나가 사람들 앞에서 함부로 얼굴을 드러내면 안 된다고 하셨으니, 제가 남장(男裝)을 하고 나가면 어떨까요?"

기기묘묘한 중국의 옛이야기

그러자 축 원외(祝員外)는 마침내 그녀의 고집을 꺾지 못하고 승낙을 해주고야 말았다. 영대(英臺)와 은심(銀心)은, 소리를 지르고 이리 뛰고 저리 날뛰며 좋아 어쩔 줄을 몰라했다.

이튿날, 영대(英臺)와 은심(銀心)은 짐을 챙겨 장도(壯途)에 올랐다. 그들은, 하나는 풍류스러운 서생(書生)으로 변장을 하고, 또 하나는 귀여운 서동(書童)으로 변장을 한 뒤, 새장을 뛰쳐나온 새처럼 경쾌하게 발걸음을 재촉했다. 그들이 지나가는 길목엔, 은은한 복사꽃 향기와 빨간 살구꽃이 어우러져 있고, 버드나무 가지는 부드러운 바람결에 가볍게 휘날리고, 나비와 조그만 벌들은 잉잉거리며 서로 쫓고 쫓기고 있었다. 두 사람은 이번 발길이 그들의 첫 외출이었는지라, 보는 것마다 그저 재미있고 신기하기만 했다.

오래지 않아, 그들은 '초교정(草橋亭)'이라 불리우는 정자(亭子)에 도착하여 거기 앉아 지친 발을 쉬고 있었다. 그때, 어떤 서생(書生) 하나가 서동(書童)을 데리고 나타나 역시 그곳으로 들어오는 것이었다. 영대(英臺)는 서생의 위아래를 훑어보았다. 맑고 준수한 용모에 범상치 않은 듯한 기개와 도량이 넘치는 서생은, 역시 외지(外地)로 글공부를 하러 가고 있는 듯하였다. 영대(英臺)는 그에게 다가가서 인사를 건넸다.

"안녕하시오. 난 축영대(祝英臺)라고 하오. 그쪽은 존함이 어떻게 되시우?"

서생은 황급히 대답했다.

"난 성(姓)이 양(梁)씨고, 이름은 산백(山伯)이라고 하외다."

"난 상우(上虞)에서 왔고, 지금 항주(杭州)로 글공부하러 가는 중이올시다. 공자(公子)께선 어디로 가시는 길이오?"

"정말이오? 나도 공자(公子)와 똑같은 곳으로 가고 있는 중이라오. 하지만 난 소흥(紹興)에서 왔다우."

둘은 이렇게 말을 주거니 받거니 하는 가운데 서로 의기투합했다. 은심(銀心)과 양산백(梁山伯)의 시동(侍童) 사구(四九)도 금세 서로 마음이 맞아떨어졌다. 그러자 양산백(梁山伯)이 축영대(祝英臺)더러 금란지계(金蘭之契)의 연(緣)을 맺자고 제안했고, 그 말에 영대(英臺) 또한 좋다고 흔쾌히 동의했다. 다만 금란지계(金蘭之契)의 연(緣)을 맺을 때 필요한 향불이 없었다. 그러자 은심(銀心)이 기지를 발휘했다.

"향이 없으면 진흙으로 향처럼 만들면 되지 않겠어요?"

산백(山伯)과 영대(英臺)는 은심(銀心)의 말대로 하기로 하고, 즉각 금란지계(金蘭之契)의 의식(儀式)을 거행하였다. 양산백(梁山伯)이 축영대(祝英臺)보다 한 살이 많았으므로 형이 되었고, 축영대(祝英臺)는 아우가 되었다.

그들 넷은 길동무가 되어 함께 항주에 도착하였다. 산백(山伯)과 영대(英臺) 두 사람은 함께 '숭기서원(崇綺書院)'에 들어가 입학 절차를 밟고 그곳의 제자가 되었다. 그들은 밤낮없이 붙어다니며 서로 아끼고 존중하면서 그 우정은 날로 깊어만 갔다.

이렇게 어언간 3년의 세월이 흘렀다. 하루는 영대(英臺)에게 집에서 서신 한 통이 전해져 왔다. 모친이 많이 아프니 빨리 집으로 돌아오라는 서신이었다. 영대(英臺)는 이번에 돌아가게 되면 다시는 산백(山伯)을 볼 수 없으리라는 사실에 내심 괴롭기 짝이 없었다. 그녀는 은심(銀心)에게 자신의 속마음을 비쳤다. 자신도 모르게 양산백(梁山伯)을 사랑하게 되었고 결코 이렇게는 헤어지고 싶지 않다고……. 그러자 은심(銀心)은 영대(英臺)에게 사모(師母)[4]와 상의해 보라고 권했다.

사모(師母)를 찾아간 영대(英臺)는 용기를 내어 말했다.

"사모(師母)님, 사실 전 남자가 아닙니다. 글공부 욕심 때문에 남장(男裝)을 하고서 항주에 온 거랍니다."

그러자 사모(師母)는 웃으면서 말했다.

"벌써 알고 있었다. 근데 대체 무슨 일로 날 찾아왔느냐?"

영대(英臺)는 고개를 푹 수그리고 쑥스러운 듯이 말했다.

"집에서 서신이 도착해 이틀 후면 모친을 만나러 집으로 돌아가야 합니다. 그런데 양산백(梁山伯)이 좋아서 이대로 헤어지기 싫습니다."

사모(師母)가 말했다.

"응, 그랬었구나. 그럼 내가 널 어떻게 도와주면 되겠니?"

영대(英臺)는 호접선(胡蝶扇)[5] 손잡이에 다는 옥(玉)으로 된 장식을 꺼내서 사모(師母)에게 주면서 말했다.

---

4 선생님의 아내.
5 중국의 민간 가무극(歌舞劇)인 소화희(小花戱)를 출 때 사용하는 접부채로, 원래 꽃 사이를 날아다니는 나비를 형상할 때 사용한 까닭으로 이와 같은 이름이 붙음.

"절 위해 중매를 서 주시면 감사하겠습니다. 이 부채 손잡이 장식으로 신표(信標)⁶를 삼고자 합니다."

"그래, 알았다!"

사모(師母)는 미소를 지으며 승낙해주었다.

영대(英臺)가 집에 돌아간다는 사실을 들은 산백(山伯)은 무척이나 슬펐다. 그는 영대(英臺)의 모친이 갑작스레 건강이 회복되었으면 하고 몇 번이나 마음속으로 기도했다. 그렇게 되면 영대(英臺)가 가지 않아도 되기 때문이었다. 그러나 기적은 일어나지 않았다. 그는 하는 수 없이 영대(英臺)가 짐을 싸는 걸 묵묵히 돕고 그녀를 배웅했다. 산백(山伯)이 영대(英臺)를 배웅하여 전당(錢塘) 길에 왔을 때였다. 길섶 나무 위에서 까치 한 쌍이 '깍깍' 하고 울어대었다. 그러자 영대(英臺)가 까치를 가리키면서 말했다.

"나무 위에 있는 까치가 암수 짝을 지어서 우니, 양형(梁兄)에게 무슨 좋은 일이 있으려나 봅니다."

산백(山伯)이 웃으면서 대답했다.

"그럴 리가 있나? 내가 보니깐, 까치도 아우님더러 잘 가라고 울어대는 듯하이."

영대(英臺)는 말없이 한숨을 내쉬었다.

그들은 계속 앞으로 걸어가다가 나무를 해오는 나무꾼과 마주쳤다. 영대(英臺)가 산백(山伯)에게 넌지시 암시를 했다.

"나무꾼이 나무를 하는 건 집안에 있는 처자식을 더 잘 먹여살리

---

6 뒷날에 보고 증거가 되게 하기 위하여 서로 주고받는 물건.

기기묘묘한 중국의 옛이야기

고자 함이지오. 그런데 양형(梁兄)은 대체 누굴 위해 이렇게 바쁘십니까?"

산백(山伯)은 별 생각 없이 이렇게 답했다.

"자네와 내가 함께 공부한 지도 어언 3년, 정분(情分)이 예사롭지 않은지라 바쁨을 마다하지 않고 자네를 배 있는 데까지 배웅하려 함이지."

영대(英臺)는 다시 한 번 한숨을 내쉬었다.

얼마 되지 않아 그들은 봉황산(鳳凰山)에 다다랐다. 보니까 산 위에 모란꽃이 피어 있는데 요염하기 그지없었다. 영대(英臺)는 분홍색 모란화 한 송이를 따면서 말했다.

"양형(梁兄)! 우리 집에도 예쁜 모란꽃을 하나 심어 놨으니까 때가 되면 잊지 말고 꼭 따러 오세요."

그러자 산백(山伯)이 말했다.

"나중에 아우 집에 가거들랑, 아우와 꼭 시(詩)를 한번 겨뤄 보고 싶으이."

영대(英臺)는 그만 실망하고 말았다.

계속해서 길을 가자 앞에 연못이 하나 나타났다. 연못에는 예쁜 원앙새 한 쌍이 서로 마주 앉아 연못 물로 깃털을 가다듬고 있었다. 영대(英臺)가 원앙새를 가리키면서 말했다.

"양형(梁兄)! 내가 여자라면 나와 자유로운 원앙새가 되어보지 않겠소?"

산백(山伯)이 웃으면서 말했다.

"아우는 농담도 잘하는구먼. 자네가 어찌 여자가 될 수 있겠나?"

아무리 말을 해도 깨닫지 못하는 산백(山伯)을 보자, 영대(英臺)는 갑자기 조바심이 나기 시작했다. 때마침 그들은 작은 개울을 건너고 있었다. 영대(英臺)가 개울 속에 있는 거위를 가리키며 말했다.

"양형(梁兄)! 양형(梁兄)은 아둔하기가 저 거위나 진배없군요."

산백(山伯)은 아무 영문도 모른 채 화난 목소리로 말했다.

"아우! 멀쩡하게 가만히 있는 사람한테 어떻게 거위라는 말을 하나?"

영대(英臺)는 어찌해 볼 도리가 없었다. 그녀는 고개를 흔들었다.

개울을 건너간 뒤 영대(英臺)는 일부러 부채 손잡이 장식을 땅바닥에 떨어뜨렸다. 그러자 산백(山伯)이 그걸 주워 영대(英臺)에게 돌려주었다. 영대(英臺)가 말했다.

"이 부채 손잡이 장식은 아주 중요한 신표(信標)라오. 양형(梁兄)이 이걸 가지고 사모(師母)님한테 가서 물어보면 무슨 영문인지 곧 알게 될 거외다."

산백(山伯)은 반신반의하면서 고개를 끄덕였다.

그들은 계속 걸었다. 그들이 한 우물가에 닿았을 때 영대(英臺)가 말했다.

"우물물이 얼마나 깊은지 모르겠네요."

그러더니 그녀는 산백(山伯)을 이끌고 우물을 보러 갔다. 우물 밑에서 두 사람의 형상이 선명하게 떠올랐다. 그러자 영대(英臺)가 우물에 떠오른 두 사람의 형상을 가리키면서 말했다.

"양형(梁兄)! 저기 좀 봐요. 우물물 속에 한 남자와 한 여자가 환하게 웃고 있네요."

그녀의 말을 잘못 이해한 산백(山伯)은 볼멘소리로 말했다.

"이래 봬도 난 어엿한 사내대장분데, 아우는 어째 날 여자에다 견주나?"

영대(英臺)는 모른 척 아무런 대꾸도 없이 그냥 가 버렸다. 계속 길을 가자 앞에 오래된 사찰 하나가 나타났다. 영대(英臺)는 산백(山伯)을 끌고 관세음보살 앞에 꿇어 앉아서, 신랑과 신부가 초례청(醮禮廳)에서 배례(拜禮)를 하듯 배례(拜禮)를 하려고 했다. 산백(山伯)은 또다시 깨닫지 못한 채 말했다.

"아우! 아우는 갈수록 이해 못할 행동만 하고 있구먼! 남자 둘이서 대체 배례(拜禮)는 무슨 배례(拜禮)인가?"

사찰을 나서자 길 옆에 무덤이 하나 나타났다. 영대(英臺)는 산백(山伯)이 도무지 깨닫지 못함을 보고 무덤을 가리키며 말했다.

"양형(梁兄)! 양형(梁兄)은 고리타분하기가 무덤 속에 있는 시체보다 더하네요."

그 말에 화가 날 대로 난 산백(山伯)은 고개를 돌린 채 영대(英臺)를 쳐다보려고도 하지 않았다. 영대(英臺)는 할 수 없이 산백(山伯)에게 사과를 했다.

이윽고 멀리 장정(長亭)[7]이 보이기 시작했다. 아직까지 아무것도 눈치채지 못하고 있는 양산백(梁山伯)을 본 영대(英臺)는, 산백(山

---

7 성 밖 도로변에 세운 정자(亭子)로, 예전에 먼 길을 떠나는 사람을 전송하던 곳.

伯)에게 마지막으로 이렇게 말했다.

"내게 쌍둥이 여동생이 하나 있는데 나하고 아주 똑같이 생겼지요. 내, 양형(梁兄)에게 중매를 서고 싶은데, 양형(梁兄)의 생각은 어떠시오?"

말이 떨어지기가 무섭게 산백(山伯)은 좋다고 대답했다.

마침내 배가 왔다. 헤어질 때 영대(英臺)는 산백(山伯)에게 두 번 세 번 신신당부했다.

"양형(梁兄)! 한시바삐 집으로 찾아와 혼담(婚談)을 꺼내야 해요. 절대로 늦으면 안 돼요."

산백(山伯)은 알았노라고 머리를 힘있게 끄덕였다. 말을 마친 영대(英臺)는 차마 떨어지지 않는 발길을 어렵게 떼어 배에 올라섰다. 그녀는 선미(船尾)에 서서 산백(山伯)의 모습이 까맣게 사라질 때까지 꼼짝도 하지 않고 양산백(梁山伯)이 있는 쪽을 바라보았다. 산백(山伯)도 배가 떠나가는 모습만 멍하니 바라본 채 오랫동안 그곳에서 떠날 줄을 몰랐다. 영대(英臺)가 떠나간 뒤 산백(山伯)은 너무도 쓸쓸하여 영대(英臺)가 주고 간 부채 손잡이 장식만 하염없이 만지작거리고 있었다. 그러다가 문득 그의 머릿속에 그녀가 떠나면서 한 말이 떠올랐다. 그는 급히 사모(師母)를 찾아가서 자세한 곡절을 물었다.

사모(師母)는 품 속에서 부채 손잡이 장식을 또 한 개 꺼내더니 이렇게 말했다.

"이건 영대(英臺)가 떠날 때 내게 준 건데, 날더러 중매를 서달라

　　　　　　　　　　　　　기기묘묘한 중국의 옛이야기

면서, 누구든 이것과 똑같은 부채 장식을 가진 사람과 부부의 인연을 맺겠다고 하더라."

산백(山伯)은 자신의 부채 손잡이 장식을 꺼내서 서로 대 보았다. 두 개의 장식은 조금의 오차도 없이 딱 들어맞았다. 하지만 그에게는 아직 풀리지 않는 큰 의혹이 하나 남아 있었다. 그래서 이렇게 물었다.

"사모(師母)님, 지금 대체 무슨 말씀을 하고 계시는 건가요? 영대(英臺)가 떠날 때, 저더러 자기 여동생을 중매해주고 싶다고 하던데요?"

사모(師母)가 웃으며 말했다.

"어이구, 어리석은 녀석 같으니라구! 여태껏 영대(英臺)가 여잔 줄도 몰랐니? 걔가 말한 여동생이란 바로 영대(英臺) 자기자신을 말한 거야!"

산백(山伯)은 한편으론 놀랍고 또 다른 한편으론 기쁘기 한량없었다. 정말이지 자신의 귀가 의심스러웠다. 그는 영대(英臺)가 떠날 때 자신에게 이것저것 암시하던 말들이 떠올라 후회스럽기 짝이 없었다. 그는 자신의 우둔함을 원망했다.

사모(師母)가 웃으며 말했다.

"이제 어찌된 사정인지 잘 알았으니까, 어서 빨리 축(祝)씨네 댁을 찾아가서 혼인 얘길 꺼내야지? 이렇게 좋은 인연을 행여라도 그르치면 되겠니?"

산백(山伯)은 사모(師母)에게 감사의 인사를 드린 뒤, 사구(四九)

와 함께 짐을 챙기고 급히 말을 달려 축(祝)씨의 저택으로 향하였다.

한편 집에 돌아온 축영대(祝英臺)는 밤낮없이 양산백(梁山伯)이 오기만을 기다리고 있었다. 은심(銀心)은 끊임없이 그녀를 위로했다.

"아가씨, 너무 조바심내지 마세요. 양형(梁兄)이 틀림없이 곧 찾아올 거예요."

그때 문 밖을 지나가던 축 원외(祝員外)가 두 사람이 주고받는 말을 듣고 들어와서 물었다.

"양형(梁兄)이라니……. 양형(梁兄)이 대체 누구냐?"

영대(英臺)와 은심(銀心)은 그만 깜짝 놀라고 말았다. 영대(英臺)가 얼굴을 붉히면서 기어 들어가는 목소리로 말했다.

"양형(梁兄)은 제 동창(同窓)이자 좋은 친구예요."

이런 영대(英臺)의 모습을 본 축 원외(祝員外)는 더럭 의심이 생겼다.

"그냥 동창생(同窓生)일 뿐이냐?"

영대(英臺)의 얼굴이 더욱 붉어졌다. 그녀는 고개를 떨구며 말했다.

"동창생(同窓生) 아니면 또 뭐가 있겠어요?"

그때 은심(銀心)이 불쑥 끼어들었다.

"에그, 아가씨, 동창생은 무슨 동창생이에요. 아가씨 마음에 두고 있는 사람이라고 말씀하셔야죠."

다급해진 영대(英臺)가 하지 말라고 눈짓을 보내고 말리는 손짓

기기묘묘한 중국의 옛이야기

을 해보았지만, 워낙에 입이 싼 은심(銀心)은 그만 말실수를 하고 말았다. 원외(員外)는 얼굴빛이 확 변하더니 다그쳤다.

"대체 어찌된 일인지 은심(銀心)이 네가 자세히 말해 보거라."

깜짝 놀란 은심(銀心)은 얼른 무릎을 꿇고서 지금까지 있었던 일들을 낱낱이 일러 바치고 말았다.

화가 난 축 원외(祝員外)는 온몸을 부들부들 떨며 큰 소리로 꾸짖었다.

"괘씸한 것 같으니라구. 혼인(婚姻) 대사(大事)는 부모의 명(命)에 좇는 법이거늘, 어찌 감히 네 마음대로 결정을 한단 말이냐?"

영대(英臺)가 완강한 어조로 맞섰다.

"제 혼인이니까 당연히 제가 알아서 하겠어요. 전 양산백(梁山伯)이 아니면 그 누구와도 혼인하지 않겠어요."

그러자 축 원외(祝員外)가 쏘아붙였다.

"그렇게는 안 된다. 네 어미랑 내가, 마 태수(馬太守) 아들 마문재(馬文才)와 널 짝지워 주기로 이미 약속을 해버렸느니라. 그러니 네가 시집을 가겠다고 하든 말든, 반드시 혼인을 해야만 한다."

영대(英臺)도 지지 않고 말했다.

"그 마문재(馬文才)란 사람은 하루종일 빈둥빈둥 놀기만 하고, 재주도 없고 무식한 사람이에요. 전 그런 사람에게 시집가기 싫어요!"

"마(馬)씨 집안은 권력과 세력이 있는 집안이다. 그리고 우리 집안과는 문지(門地)[8]도 비슷비슷하지 않니? 이렇게 좋은 인연을 어디

---

8 대대로 내려오는 그 집안의 사회적 신분이나 지위.

가서 찾을 수 있겠느냐? 양산백(梁山伯) 같은 한미한 집안은 전혀 우리와 어울리지도 않고 또 우릴 넘볼 수도 없다."

"어쨌든 전 양산백(梁山伯)이 좋아요. 그러니 그 사람이 가난하든 부자든 그런 건 상관없어요."

"발칙한 것 같으니라구. 그렇겐 안 된다. 마(馬)씨 집안에서 벌써 약혼 예물까지 보내왔다."

아버지가 자신을 마문재(馬文才)와 짝지워 주려고 마음을 굳힌 걸 본 축영대(祝英臺)는, 몹시 화가 나서 사흘 밤낮을 밥도 먹지 않고 물도 마시지 않았다. 혼인 날짜가 점점 다가오자 축 원외(祝員外)는 조바심이 나기 시작했다.

그럴 즈음에 문지기가 와서 보고했다.

"양산백(梁山伯)이 찾아왔습니다."

축 원외(祝員外)는 분노가 끓어올라 생각 같아서는 아예 들여놓고도 싶지 않았지만, 돌이켜 생각해 보니 그것도 아닌 듯하여 사람을 시켜서 양산백(梁山伯)을 데리고 오게 했다.

산백(山伯)은 들어오자마자 축 원외(祝員外)에게 공손하게 인사를 올렸다. 축 원외(祝員外)는 그를 거들떠보지도 않고 몇 마디 인사말을 주고받은 뒤 은심(銀心)을 불러서 그와 사구(四九)를 서실(書室)로 데리고 가서 쉬게 했다. 여장(女裝)을 한 은심(銀心)을 보자 사구(四九)가 쫓아가며 불렀다.

"은심(銀心) 아우! 은심(銀心) 아우!"

그러자 은심(銀心)이 화난 목소리로 말했다.

기기묘묘한 중국의 옛이야기

"조용히 해. 지금 아가씨 부르러 가고 있잖아."

산백(山伯)이 왔다는 소리를 들은 영대(英臺)는 다급한 목소리로 "양형(梁兄)! 양형(梁兄)!"을 부르며 아래층으로 뛰어내려오다가 그만 축 원외(祝員外)의 몸에 머리를 부딪히고 말았다.

그러자 축 원외(祝員外)가 노여운 목소리로 말했다.

"거기 서라. 이제 곧 마(馬)씨 집안 사람이 될 몸인데 양산백(梁山伯)은 만나서 뭘 하려구?"

그 말을 들은 영대(英臺)는 초조한 나머지 울음을 터뜨리고 말았다.

"그 사람 꼭 만나야 돼요. 마문재(馬文才)한테 절 시집보내려 하시면 그냥 죽어버리고 말 거예요."

축 원외(祝員外)는 격분하여 크게 꾸짖었다.

"죽든지 말든지 네 맘대로 하렴. 딸 하나 낳지 않은 셈 치지 뭘."

"아빠가 절 딸이라고 생각하신다면 양산백(梁山伯)과 제 혼사(婚事)를 막지 마세요."

말을 마치자 영대(英臺)는 뒤도 돌아다 보지 않고 서실(書室)로 뛰어가 버렸다.

여성으로 치장한 영대(英臺)가 전보다 몇 곱절은 더 예뻐진 것을 본 산백(山伯)은 기쁘게 말했다.

"그댈 현제(賢弟)라 불러야 하나, 아니면 현매(賢妹)라 불러야 하나?"

영대(英臺)는 쏟아져 나오려는 눈물을 억지로 참고 웃으면서 말했다.

"이젠 여장(女裝)을 했으니까 현매(賢妹)라고 불러야지요."

산백(山伯)은 머리를 조아리며 일부러 소리를 길게 빼서 말했다.

"현매(賢妹), 양형(梁兄)이 인사를 올리외다."

그는 자신이 이렇게 장난을 치면 영대(英臺)가 반드시 웃음을 터뜨릴 거라고 생각했다. 그런데 뜻밖에도 영대(英臺)는 몸을 돌려 눈물을 훔쳤다.

산백(山伯)이 이상하게 생각해서 물었다.

"영대(英臺), 대체 무슨 일이오?"

영대(英臺)는 용기를 내서 한숨을 길게 내쉬며 말했다.

"양형(梁兄)! 너무 늦으셨어요. 우리 아버지께서 이미 마(馬)씨 집 공자(公子)에게 제 혼인을 허락해 버리시고 말았답니다."

이 말을 들은 산백(山伯)은 놀라서 그만 말문이 막히고 말았다. 그는 천천히 문제의 부채 고리 장식 한 쌍을 꺼내더니 한참만에 말문을 열었다.

"이게 바로 그대가 내게 준 신표(信標)요. 설마 이걸 잊어버린 건 아니겠지?"

영대(英臺)는 차마 그의 얼굴을 볼 수가 없었다. 그녀가 울면서 말했다.

"일이 더 이상 돌이킬 수 없는 지경이 되고 말았는데 그런 게 다 무슨 소용이 있겠어요?"

산백(山伯)은 몹시 화가 났다.

기기묘묘한 중국의 옛이야기

"당신네 축씨 집안 사람들은 다들 이렇게 신용을 중시하지 않는 게요?"

영대(英臺)는 한편으로는 마음이 아프고 또 다른 한편으로는 억울하기 짝이 없었다.

"이 모든 건 우리 아버지의 뜻일 뿐 저의 본심은 아니랍니다. 전 죽으면 죽었지 정말 마문재(馬文才)에게 시집가고 싶지 않아요."

산백(山伯)이 화난 목소리로 말했다.

"기왕에 그대의 본심이 아니라고 했으니 우리 그 사람들을 찾아가 따져 봅시다."

영대(英臺)가 절망 어린 목소리로 말했다.

"권세가 등등한 마(馬)씨 집안 사람들에겐 그래 봐야 아무 소용도 없을 거예요."

이럴 즈음에 은심(銀心)이 술상을 가지고 들어왔다. 그녀는 두 사람이 근심 가득한 얼굴로 아무 말 없이 앉아 있는 것을 보더니 술상을 내려 놓자마자 급히 물러나고 말았다. 산백(山伯)은 이별할 때 영대(英臺)가 주었던 여러 가지 암시들이 생각났다. 그는 후회스럽기 짝이 없었다. 문득 그는 술잔을 집어들더니 미친듯이 마시기 시작했다. 영대(英臺)는 그러한 그를 만류하려고 했지만 역부족이었다. 그때 산백(山伯)이 갑자기 심하게 기침을 하는가 싶더니 급기야 입으로 붉은 피를 몇 번인가 쏟아냈다. 영대(英臺)는 울부짖었다.

"양형(梁兄)! 이 모든 게 제 잘못이에요."

산백(山伯)은 눈물을 흘리면서 영대(英臺)의 손을 잡았다. 그리고 이렇게 말했다.

"당신에게 무슨 잘못이 있겠소? 잘못이 있다면, 그때 내가 바보 같아서 좀 더 빨리 당신의 암시를 알아채지 못했던 게 잘못이라면 잘못이겠지."

말을 마치자 그는 작별을 고했다. 영대(英臺)는 급히 그를 부축했다.

산백(山伯)은 마치 넋이 나간 사람 같았다. 비틀거리며 발걸음을 떼는 그를 사구(四九)가 얼른 부축하려고 했다. 산백(山伯)은 그의 손을 뿌리쳤다. 영대(英臺)는 너무도 가슴이 아팠다. 그녀는 문에 기대어 멀어져 가는 산백(山伯)의 뒷모습을 우두커니 지켜 보았다. 은심(銀心)이 계속해서 들어가자고 재촉을 했지만 듣는 둥 마는 둥 그녀는 말없이 눈물만 흘릴 뿐이었다.

집으로 돌아온 산백(山伯)은 그 길로 병들어 눕고 말았다. 그는 수시로 정신을 잃고 영대(英臺)가 보고 싶다고 헛소리를 하였다. 그의 어머니는 아들이 이처럼 고통을 겪는 모습을 보고 너무도 가슴이 아렸다. 그래서 영대(英臺)를 만나러 손수 축(祝)씨 집을 찾았다. 그 즈음 영대(英臺)는 집 안에 갇혀 있는 신세가 되어 있었다. 그녀는 어쩔 수 없이 한 통의 편지를 써서 은심(銀心)의 편에 들려 산백(山伯)의 어머니에게 전달했다. 산백(山伯)은 영대(英臺)가 쓴 편지를 보자 괴롭기 짝이 없었다. 이때 사구(四九)가 우당탕탕 뛰어오며 말했다.

"큰일 났어요! 큰일 났어요! 축(祝) 소저(小姐)가 시집을 간대요!!!"

산백(山伯)의 부모가 급히 사구(四九)를 저지하려고 했으나 이미 때는 늦고 말았다. 그 소식을 들은 산백(山伯)의 두 눈이 파르르 떨리는가 싶더니 순간 두 줄기 눈물이 흘러내렸다. 그는 들고 있던 편지를 떨구며 부모에게 이렇게 말했다.

"제가 죽으면 절 소가도(邵家渡)[9] 강나루 언덕 위에 묻어 주세요. 영대(英臺)의 혼례선(婚禮船)이 지나가는 걸 제 눈으로 직접 보고 싶어요."

말을 마치자 산백(山伯)은 그만 숨을 거두고 말았다.

양산백(梁山伯)이 죽었다는 소식을 들은 영대(英臺)는 가슴이 찢어질 것만 같았다. 그녀는 그녀의 부친에게 산백(山伯)의 영전(靈前)에 제사를 올리게 해달라고 간청을 했지만 부친은 끝내 들어주지 않았다. 울컥해진 그녀는 가까운 기둥에 몸을 힘껏 부딪치려고 했다. 위기일발의 순간에 은심(銀心)이 급히 달려들어 가까스로 그녀를 붙들어 말렸다. 영대(英臺)가 절망 어린 목소리로 말했다.

"안 보내주시면 여기 부딪쳐서 이 자리에서 그냥 죽고 말겠어요."

이에 깜짝 놀란 축 원외(祝員外)는 할 수 없이 보내주마 하고 대답을 하고 말았다.

급히 양(梁)씨 집으로 달려간 영대(英臺)는 문에 들어서자마자

---

9 소가도(邵家渡)는 나루터 이름이다. 현재의 절강성(浙江省) 영파시(寧波市) 강북구(江北區) 홍당가도(洪塘街道)의 최 남단(南端)으로 요강(姚江) 강변에 자리잡고 있다. 원래 나루터의 이름이 현재의 이름으로 굳어진 것이다.

산백(山伯)의 몸을 부둥켜 안고 통곡하기 시작했다.

"양형(梁兄)! 내가 너무 늦었어요. 내가 당신을 이렇게 만들었군요. 우리 살아생전에는 부부가 못 됐지만 죽어서는 함께 하도록 합시다."

그녀는 애간장이 마디마디 끊어지도록 구슬프게 울었다.

그때 갑자기 하인들이 나타나서 알렸다.

"아가씨, 어르신께서 빨리 돌아오시랍니다."

영대(英臺)가 쉬 가려고 하지 않자 그들은 그녀를 억지로 끌고 갔다.

산백(山伯)의 영혼에 제사를 올리고 돌아온 후로, 영대(英臺)는 무엇에 얻어맞은 것처럼 멍한 채로 한 마디도 말을 하지 않았다. 그럴 즈음, 암암리에 이러저러한 소문을 들은 마(馬)씨네 집안 사람들은, 즉각 혼기(婚期)를 앞당겨 신부를 맞으러 일찌감치 찾아왔다. 혼인식을 올리는 당일에 축(祝)씨 집의 온 집안 사람들은 전에 없이 시끌벅적하였다. 찾아와서 축하를 하는 사람들 또한 끊이질 않았다. 그러나 영대(英臺)만큼은 홀로 방 안에 누워서 훌쩍거리고 있었다. 그녀는 혼례복 속에다 몰래 하얀 상복을 입고 있었다. 이윽고 영대(英臺)는 사람들에 둘러싸여 혼례선(婚禮船)에 올랐다. 혼례선(婚禮船)이 소가도(邵家渡) 나루터를 지나칠 무렵, 저 멀리 산백(山伯)의 묘가 그녀의 눈에 들어오자 그녀는 묘에 가서 제사를 지내겠노라고 했다. 신부를 맞이하러 온 마(馬)씨 집 사람들은 물론 동의해주지 않았다. 그러기는커녕 그들은 배를 일부러 빨리 젓기 시작했다. 그때였

기기묘묘한 중국의 옛이야기

다. 갑자기 거센 바람이 몰아치는가 싶더니 파도가 거칠게 용솟음쳐서 혼례선(婚禮船)은 더 이상 앞으로 나아가지 못하였다. 그래서 할 수 없이 강기슭에 배를 대고 풍랑을 잠시 피해 가기로 했다. 그 틈을 이용하여 영대(英臺)는 가만히 강기슭으로 올라갔다.

영대(英臺)는 점점 빨리 달리기 시작했다. 그녀는 뛰어가며 붉은색 혼례복을 벗어던졌다. 그러자 하얀색 상복이 밖으로 드러났다. 그녀는 묘지 위에 와락 뛰쳐들었다. 그리고 양산백(梁山伯)의 이름을 크게 소리쳐 부르더니 엉엉 소리를 내어 울었다. 그 순간, 대지가 크게 흔들리고 흙먼지가 날리는가 싶더니 맑은 하늘이 갑자기 칠흑처럼 어두워졌다. 그때 별안간 양산백(梁山伯)의 묘가 갑자기 둘로 쩍 갈라졌다. 영대(英臺)는 한 치의 망설임도 없이 그 속으로 뛰쳐 들어갔다. 영대(英臺)가 뛰쳐 들어간 뒤, 묘는 순식간에 예전처럼 다시 하나로 합쳐졌다. 거칠던 풍랑(風浪)은 언제 그랬냐 싶게 다시 평온을 되찾았으며, 묘지 안에서는 한 쌍의 나비가 훨훨 날아올랐다. 떠도는 말에 따르면, 노란색 나비는 축영대(祝英臺)고, 갈색 나비는 양산백(梁山伯)이라고 전한다.

화무란, 전쟁터에 나가다

花木蘭從軍

옛날에 화무란(花木蘭)이란 이름을 가진 아가씨가 하나 있었다. 그녀는 어려서부터 아버지로부터 출중한 무예를 배웠는데, 그의 부친인 화(花) 노인은 자식들 중에서도 이 딸을 유독 사랑했다. 화(花) 노인은 무란(木蘭)을 볼 때마다 남자의 기개가 있다고 칭찬해 마지 않았다. 다만 아쉬운 것은 여자의 몸으로 태어난 것이라고 했다. 그렇지만 않았더라도 국난(國難)이 코 앞에 닥친 지금, 무란(木蘭)이 응당 전쟁터에 나가 집안을 지키고 나라를 보위(保衛)했을 것이었다. 그러나 무란(木蘭)은 아버지가 이런 식으로 이야기하는 걸 좋아하지 않았다. 그래서 그녀는 아버지의 말에 불복하며 늘 이렇게 말하곤 했다.

"아빠! 저도 집안을 지키고 나라를 보위할 수 있어요."

당시 중국의 변경(邊境) 지방에서는 날이면 날마다 전란(戰亂)이 그칠 줄을 몰랐다. 이 때문에 조정(朝廷)에서는 해마다 군사(軍士)를 징발(徵發)하여 갔다. 무란(木蘭)이 살고 있는 마을에서도 수많은 장정(壯丁)들이 전쟁터로 끌려나갔다. 그럼에도 불구하고 전쟁은 그칠 줄 몰랐으며 그 사이 수많은 남자들이 전쟁터에서 전사(戰死)했다. 그 때문에 나라 안에 있는 장정(壯丁)들의 숫자는 날로 줄어만 갔다.

어느 날, 관병(官兵)이 군사를 징발하기 위해 무란(木蘭)이 살고 있는 마을에 다시 한 번 들이닥쳤다. 그들이 무란(木蘭)의 집에 다다랐을 때 무란(木蘭)은 마침 베를 짜고 있었다. 문득 누군가 다급하게 문을 두드리는 소리가 들렸다. 무란(木蘭)은 하던 일을 급히 멈추고 베틀에서 내려왔다. 문을 열자 관병(官兵)들이 무란(木蘭)에게 문서 한 장을 건네며 이렇게 말했다.

"집집마다 장정(壯丁) 한 명씩을 반드시 군(軍)에 보내 적(敵)을 맞아 싸우라는 조정(朝廷)의 명령이시다. 내일 아침까지 마을 입구에 집합하도록 해라!"

말이 끝나기가 무섭게 그들은 곧장 가 버렸다.

무란(木蘭)은 문서를 집어들고 대체 이 노릇을 어찌해야 하나 하고 이리저리 생각했다. 아버지는 늙고 남동생은 나이가 어렸다. 그래서 모두 전쟁터에 나가기 어려웠다. 이렇게 고민에 고민을 거듭하던 중, 불현듯 대담한 발상 하나가 그녀의 뇌리를 스쳤다. 옛날엔 하고

기기묘묘한 중국의 옛이야기

많은 여자들이 전쟁터에 출정(出征)해서 싸움을 했다. 그렇다면 나라고 안될 건 없지 않은가? 하물며 자신의 무예는 남자들에 비해 보더라도 전혀 뒤질 게 없었다.

무란(木蘭)의 언니는 여동생이 얼굴에 수심이 가득한 채 탄식을 거듭하는 모습을 보자 심상치 않은 일이 생겼음을 직감했다. 무란(木蘭)은 언니에게 군사 징발의 건(件)에 대해 이야기했다. 그리고 언니와 함께 반나절 동안 의견을 나누었으나 아무런 대책도 없었다. 그들은 할 수 없이 부모님께 이러한 사정을 알렸다. 부친은 국가 보위에 관한 일에는 이론(異論)의 여지가 있을 수 없다면서, 자신이 입대(入隊)해 적(敵)을 맞아 싸우겠노라고 했다. 무란(木蘭)과 언니는 절대 안 된다고 반대했다. 모친도 나이가 너무 많아 출정이 불가능하다고 반대했다. 그렇다고 무란(木蘭)의 남동생을 보낼 수도 없었다. 남동생은 나이가 너무 어려서 자기 스스로도 보살피기 어려웠기 때문에 처음부터 출정(出征) 따위는 생각조차 하기 어려웠다. 이렇듯 집안 사람들이 고심에 고심을 거듭하고 있을 즈음, 무란(木蘭)이 갑자기 부모님께 이렇게 제안했다.

"아버진 연로하시고 동생은 나이가 너무 어리니, 제가 동생의 이름을 사칭해서 아버지 대신 종군(從軍)하면 어떨까요?"

이 말을 들은 가족들은 모두 깜짝 놀라며 반대했다. 특히 모친의 반대는 더욱더 심했다. 어머니는, 여자란 모름지기 집에서 베 짜는 일이나 하면 되는 것이지, 전쟁터에 나가 적진에 뛰어드는 일 따위는 말도 되지 않는다고 했다. 부모를 말로는 설득하기 어렵다는 걸 알아챈 무란(木蘭)은, 부친과 칼싸움을 해서 이긴 쪽이 출정(出征)하자고 제안했다. 아직 젊은 혈기가 남아 있었던 화(花) 노인은 딸의 제안을 흔쾌히 받아들였다.

드디어 두 부녀(父女)는 집 뜰에서 칼로 일전(一戰)을 벌이게 되었다. 화(花) 노인은 검법(劍法)이 노련했고, 무란(木蘭)은 몸놀림이 씩씩했다. 처음 몇 합(合)째는 서로 고저(高低)를 가리기 어려웠다. 그러나 시간이 흐름에 따라, 나이 많은 화(花) 노인은 점점 힘에 부치기 시작했다. 그러나 무란(木蘭)은 시간이 지날수록 힘이 넘쳐났고 급기야는 힘에 부친 화(花) 노인이 칼을 내동댕이치고 땅바닥에 주저앉아 숨을 헐떡였다.

무란(木蘭)은 부친의 신체가 이렇듯 허약함을 보고 더욱더 마음을 굳혔다. 그녀는 아버지를 부축해 주면서 이렇게 말했다.

"아버지! 이젠 할 말 없으시죠? 제가 이겼으니까 아까 말씀드린 대로 제가 아버지 대신 종군을 하겠어요."

화(花) 노인은 거친 숨을 몰아 쉬며 무란(木蘭)을 바라볼 뿐 할 말을 잃고 말았다. 비록 무란(木蘭)이 부친을 이기긴 하였지만 가족들은 여전히 무란(木蘭)이 종군하는 것을 허락해주지 않았다. 무란(木蘭)이 여자의 몸이란 사실에는 아무런 변화도 없었으니, 만일 다른 사람들에게 발각이라도 되는 날에는 이를 어쩔 것인가?! 그러자 무란(木蘭)이 생긋 웃으면서 이렇게 말했다.

"그런 거라면 걱정 마세요. 뜰에서 잠깐만 기다리고 계세요. 곧 돌아올게요."

기기묘묘한 중국의 옛이야기

말을 마친 무란(木蘭)은 몸을 돌려 집 안으로 들어가서 얼굴에 찍어 바른 연지를 씻어냈다. 그리고 치마를 벗어던지고 갑옷으로 갈아입었다. 잠시 후, 뜰로 돌아온 그녀는 몰라보게 달라져 있었다. 가족들 눈 앞에 서 있는 무란(木蘭)은, 다름 아닌 풍채 당당하고 용맹한 기개가 넘치는, 영민(英敏)하고 씩씩한 소년이었다. 가족들은 깜짝 놀라지 않을 수 없었다. 눈 앞에 있는 준수한 소년이 바로 무란(木蘭)이라는 사실이 도저히 믿겨지지 않았다. 가족들이 만일 사전(事前)에 알고만 있지 않았더라도 그가 여자라는 사실을 그들 중 누구도 눈치채지 못했을 것이다.

여동생의 이렇듯 늠름하고 씩씩한 모습을 보자 무란(木蘭)의 언니는 저도 모르게 소리쳤다.

"정말 정말 훌륭한 소년 장군이로고!"

이러한 가족들의 시선에 무란(木蘭)은 터져나오는 웃음을 참을 수 없었다. 그녀는 가족들을 향해 의기양양하게 말했다.

"이제 모두 안심들 하셨죠? 이렇게 가족들도 놀라 자빠지는데 다른 사람들이야 오죽하겠어요?"

그녀의 부모는 무란(木蘭)에게서 이미 남자도 못 당할 기개가 있음을 직접 목도했고 또한 달리 뾰족한 방법이 없었는지라 무란(木蘭)이 군(軍)에 입대하는 것을 허락해 주었다.

무란(木蘭)은 부모님의 허락을 받자 저도 모르게 앞으로 나아가 감사의 인사를 올렸다. 그런데 이 감사의 인사 때문에 그만 본색이 드러나고 말았다. 본디 예전에 남자와 여자가 웃사람들에게 절을 올릴 때에는 서로 많은 차이점들을 갖고 있었다. 무란(木蘭)이 남장(男裝)을 한 채 여성의 인사를 올리자 가족들은 그만 웃음보를 터뜨리고 말았다.

화(花) 노인은 무란(木蘭)을 일으켜 세워주면서 무란(木蘭)에게 다정하게 말을 건넸다.

"우리 귀염둥이 딸이 아직도 배워야 할 게 많은 것 같구나."

화(花) 노인은 즉시 무란(木蘭)에게 남성들이 절하는 방법과 군대에서 통용되는 규율들을 가르쳐 주었다. 무란(木蘭)은 배운 것을 머릿속에 하나하나 기억해 두었다.

이튿날, 가족들은 무란(木蘭)을 마을 입구까지 전송했다. 무란(木蘭)과 그의 언니와 남동생은 서로 부둥켜 안고 무란(木蘭)이 지금부터 시작해야 할 군(軍) 생활을 생각하면서 울음을 터뜨리고 말았다.

화(花) 노인 부부는 딸아이의 손을 잡고 당부했다.

"네 비록 여자의 몸이긴 하나 무예에 있어서만큼은 남자들 못지 않으니, 전쟁터에 나가거든 적들과 용감히 싸워 이겨서 부디 가정과 국가를 보위하도록 하거라."

무란(木蘭)이 대답했다.

"어머니와 아버지 말씀 잘 알아들었어요. 소녀(小女) 절대로 어머니, 아버지를 실망시켜 드리지 않을게요."

말을 마치자 무란(木蘭)은 눈물을 글썽이며 전마(戰馬)에 올라탄 후 채찍을 날리며 멀어져 갔다.

무란(木蘭)은 달리는 말에 매서운 채찍질을 멈추지 않으며 밤낮

기기묘묘한 중국의 옛이야기

으로 길을 재촉하여 전선(前線)을 향해 달려갔다. 가는 길에 정든 고향 집과 가족의 품을 떠나야 하는 자신의 신세를 생각하노라니 서글픔이 앞섰지만, 다른 한편으로 자신이 조국을 위해 충성을 다하고 있다는 점에 생각이 미치자 마음이 한껏 부풀어 오르기 시작했다.

사흘 낮 사흘 밤의 고된 여정을 거쳐, 그녀는 마침내 국경지대(國境地帶)에 도착했다. 국경지대의 주둔지 대장군은 함께 온 신병(新兵)들에게 무술 시합을 시켰다. 그 결과 무란(木蘭)은 당당히 1등의 성적을 거두었다. 무란(木蘭)의 용맹하고 늠름한 모습을 지켜본 주둔지 대장군은, 그녀가 평범한 인물이 아니라는 걸 알고 신병(新兵)들의 우두머리를 삼았다. 그리고 그녀에게 신병(新兵) 훈련의 역할을 부여하였다.

무란(木蘭)은 날마다 신병들과 함께 훈련을 했다. 그녀는 자신이 가진 모든 무예를 그들에게 아낌없이 가르쳐 주었다. 그와 동시에 그녀는 그들에게 애국 교육을 시켰다. 얼마 지나지 않아서, 무란(木蘭)이 이끄는 신병 부대들은 전쟁터에서 가장 용감한 부대가 되었다. 그들은 싸우기만 하면 승리했고, 공격하면 모두 함락시켰다. 적군들은 화무란(花木蘭)의 부대만 나타나면 변변히 싸워보지도 못하고 꽁무니를 빼기에 바빴다.

무란(木蘭)은 부모님이 헤어질 때 부탁하시던 말씀을 늘 잊지 않았다. 그리하여 그녀는 전쟁터에서 언제나 앞장서서 적과 마주쳐 싸웠다. 무술과 지략이 뛰어난 그녀는 마침내 혁혁한 전공(戰功)을 거두었다. 가장 용맹을 떨쳤던 첫 번째 전투에서, 무란(木蘭)은 적군의 우두머리와 50여 합(合)을 겨루는 피나는 전투 끝에 적군의 우두머리를 말 위에서 떨어뜨리고 그를 사로잡았다.

그 후부터 화무란(花木蘭)의 사적은 양자강(揚子江) 전역에 널리 퍼지게 되었고, 일반 백성들은 모두 전방에 있는 전쟁터에서 혁혁한 전공을 세운 젊은 화 장군(花將軍)의 이름을 알게 되었다. 백성들은 거리 곳곳에서 화무란(花木蘭)의 사적을 칭송하였다. 이에 황상(皇上)께서도 화무란(花木蘭)의 사적을 알게 되어 자주 그녀를 표창(表彰)하였다.

눈 깜짝할 사이에 12년이라는 세월이 흘렀다. 이 12년 동안에 무란(木蘭)의 관직은 차츰차츰 올라 어느덧 한 지역을 통솔하는 대장군(大將軍)이 되었다. 그럼에도 불구하고 무란(木蘭)은 그때까지도 일반 사병들과 함께 훈련을 하고 함께 밥을 먹었다. 그러다가 어둠이 깔리면 무란(木蘭)은 그때서야 멀리 고향이 있는 곳을 바라보면서 거기 두고 온 늙은 부모와 언니와 동생을 그리워했다. 그럴 때면 무란(木蘭)의 두 눈에서는 눈물이 흘러내렸다. 무란(木蘭)은 날이면 날마다 적군이 하루바삐 퇴각해서 고향에 돌아가 늙은 부모님을 가까이서 모실 수 있는 그날만을 손꼽아 기다렸다.

마침내 기다리고 기다리던 그날이 왔다. 적군은 퇴각을 선포하였다. 그리고 다시는 침범하지 않겠노라고 했다. 병사들은 기뻐서 환호하고 춤추며 모두들 황상(皇上)으로부터 푸짐한 상(賞)이 내리기를 기다렸다. 그러나 무란(木蘭)만큼은 짐을 꾸리면서 한시라도 빨리 고향에 돌아갈 수 있기를 희망했다.

기기묘묘한 중국의 옛이야기

황상(皇上)이 보낸 사신(使臣)이 무란(木蘭)에게 말했다.

"화(花) 장군! 황상(皇上)께서 장군의 관작을 높여주시려고 조정(朝廷)으로 오라고 하시외다."

그러자 이러지도 저러지도 못하게 된 무란(木蘭)은 하는 수 없이, 자신이 여자의 몸으로 남장(男裝)을 한 뒤 부친 대신에 종군(從軍)을 하게 된 사정을 사신(使臣)에게 이실직고(以實直告)하고, 사신(使臣)더러 그 말을 황상(皇上)께 아뢰어 달라고 부탁했다. 그리고 자신은 아무것도 필요 없고 오로지 고향에 돌아가서 부모님께 효도를 다하는 것이 소원이라고 말했다.

무란(木蘭)의 사정을 소상히 들은 황상(皇上)은 놀라움을 금치 못하였다. 황상(皇上)은 무란(木蘭)의 효심에 감동하여 특별히 그녀를 고향으로 돌아갈 수 있게 허락해 주었다.

그 후, 화무란(花木蘭)은 떠나온 지 오래된 자신의 고향으로 되돌아가서 부모님을 정성껏 모셨다. 그리하여 화무란(花木蘭)이 '부친을 대신하여 종군(從軍)'을 한 고사(故事)는 뭇사람들의 추앙을 받으면서 그 이름을 만세(萬歲)에 널리 남기게 되었다.

늙은 쥐, 딸을 시집보내다

老鼠嫁女兒

옛날 옛적에 늙은 쥐 부부가 살고 있었는데 장성한 딸이 하나 있었다. 그들은 딸을 보며 중얼거렸다.

"저것 좀 봐. 우리 딸이 얼마나 예쁜지⋯⋯. 저런 딸을 보잘것없는 젊은 쥐에게 시집보내서 날이면 날마다 여기저기 숨어다니게 하면 되겠어? 우리, 예쁜 우리 딸년을 세상에서 제일 잘난 인물에게 시집보내서, 먹을 것도 걱정 없고 입을 것도 걱정이 없게 만들어 줍시다."

부부는 세상에서 제일 잘난 인물이 대체 누굴까 하고 곰곰이 생각해 보았다.

아비 쥐가 말했다.

"옳지 옳지, 바로 태양이다! 태양이야말로 크고 밝은 데다가 우리에게 빛을 가져다 주잖아. 만약 이 세상에 태양이 없었다면 세상은 당장 암흑천지가 되고 말았을 거야. 그러니 태양보다 잘난 인물이 또 어디 있겠나?"

늙은 쥐 부부는 그 길로 태양을 찾아가서 이렇게 말했다.

"태양 선생, 잘 있었나? 내 생각으로는, 이 세상에서 가장 잘난 인물은 자네가 아닌가 하네. 자네는 밝은 빛으로 세상의 구석구석을 모조리 비춰주지 않나? 그러니 자네보다 잘난 인물이 또 어디 있겠나? 우리 예쁜 딸을 자네에게 주고 싶은데, 자네 생각은 어떤가?"

태양은 고개를 가로저으며 말했다.

"쥐 아저씨, 잘못 보셨어요. 저는 세상에서 제일 잘난 인물이 아니에요."

그러자 어미 쥐가 의아해 하면서 물었다.

"태양 선생, 그렇다면 자네보다 더 잘난 인물이 또 있단 말인가?"

태양이 늙은 쥐 부부에게 말했다.

"세상에서 제일 잘난 인물은 바로 구름님이에요. 아직도 모르셨어요? 구름님이 한번 나타났다 하면 저의 밝은 빛은 금방 구름님에게 가리워져 버리죠. 아저씨네 예쁜 따님을 구름님한테 시집보내세요."

늙은 쥐 부부는 이리저리 생각을 하다가, 태양조차도 이 세상에서 제일 잘난 인물은 구름이라고 했으니, 딸을 구름한테 시집보내기로 했다.

기기묘묘한 중국의 옛이야기

늙은 쥐 부부는 이번에는 구름을 찾아갔다. 아비 쥐가 구름에게 말했다.

"구름 선생, 잘 있었나? 내 생각으로는, 이 세상에서 가장 잘난 인물은 자네가 아닌가 하네. 자네가 한번 나타났다 하면 태양조차도 빛을 잃지 않나? 우리 예쁜 딸을 자네에게 주고 싶은데, 자네 생각은 어떤가?"

구름은 고개를 가로저으며 말했다.

"쥐 아저씨, 잘못 보셨어요. 저는 세상에서 제일 잘난 인물이 아니에요."

어미 쥐가 다시 의아해 하면서 물었다.

"태양조차도 이 세상에서 가장 잘난 인물은 바로 자네라고 했는데, 자네보다 더 잘난 인물이 또 있단 말인가?"

구름이 늙은 쥐 부부에게 말했다.

"이 세상에서 가장 잘난 인물은 바로 바람님이에요. 아직도 모르셨어요? 바람님이 한번 나타났다 하면 저는 흩어져 버리고 말지요. 아저씨네 예쁜 따님을 바람님한테 시집보내세요."

늙은 쥐 부부도 바람이 구름을 흩어지게 하는 걸 잘 알고 있었는지라, 그들은 바람이 이 세상에서 가장 잘난 인물이란 사실을 인정하지 않을 수 없었다.

늙은 쥐 부부는 바람을 찾아가서 말했다.

"바람 선생, 잘 있었나? 내 생각으로는, 이 세상에서 가장 잘난 인물은 자네가 아닌가 싶네. 보아 하니, 자네가 한번 나타났다 하면 구름조차 흩어져 버리더구먼. 우리 예쁜 딸을 자네에게 주고 싶은데, 자네 생각은 어떤가?"

바람은 고개를 가로저으며 말했다.

"쥐 아저씨, 잘못 보셨어요. 저는 세상에서 제일 잘난 인물이 아니에요."

어미 쥐가 영문을 몰라하며 물었다.

"자네는 구름도 흩어버릴 수 있는데, 대체 누굴 또 두려워한단 말인가?"

바람이 늙은 쥐 부부에게 말했다.

"이 세상에서 가장 잘난 인물은 바로바로 울타리님이에요. 아직도 모르셨어요? 울타리님이 한번 나타났다 하면 저는 가로막혀 버리죠. 아저씨네 예쁘고 귀한 따님을 울타리님한테 시집보내세요."

'아, 울타리가 세상에서 제일 잘난 인물이었구나. 그럼 우리 딸을 울타리한테 시집보내야지' 하고 늙은 쥐 부부는 생각했다.

늙은 쥐 부부는 이번에는 울타리를 찾아가서 말했다.

"울타리 선생, 잘 있었나? 내 생각으로는, 이 세상에서 가장 잘난 인물은 자네가 아닌가 싶네. 보아 하니, 자네가 한번 나타났다 하면 바람조차 가로막혀 버리더구먼. 우리 예쁜 딸을 자네에게 주고 싶은데, 자네 생각은 어떤가?"

울타리는 고개를 가로저으며 말했다.

"쥐 아저씨, 잘못 보셨어요. 저는 세상에서 제일 잘난 인물이 아니에요."

기기묘묘한 중국의 옛이야기

어미 쥐는 생각하고 또 생각해 보았으나 대체 무엇이 울타리보다
더 대단한 것인지 도저히 상상이 되질 않았다. 그래서 물었다.

"울타리 선생, 설마 농담하는 건 아니겠지? 대체 자네보다 더 대
단한 놈이 누구란 말인가?"

울타리는 껄껄 웃으면서 늙은 쥐 부부에게 말했다.

"이 세상에서 제일 잘난 인물은 바로 아저씨네예요. 아저씨네가
한번 나타났다 하면 저는 아저씨네 때문에 이리저리 구멍이 뚫려서
만신창이가 돼 버리죠. 아직도 모르셨어요? 제 몸에 난 수많은 구멍
들은 바로 아저씨네가 뚫은 거예요. 제가 이 세상에서 제일 두려워하
는 건 바로 아저씨네 쥐들이에요. 아저씨네 예쁘고 귀한 따님을 아저
씨네 쥐들한테 시집보내세요."

늙은 쥐 부부는 딸을 세상에서 제일 잘난 인물에게 시집보내려다
가, 마침내 이런 결론에 도달하리라고는 도저히 상상도 하지 못했다.

늙은 쥐 부부는 이리저리 생각을 해보다가 마침내 참지 못하고
서로서로 크게 웃음을 터뜨렸다. 아비 쥐가 어미 쥐에게 자랑스럽게
말했다.

"옳거니. 그러니까 원래 쥐가 세상에서 제일 잘난 인물이었구먼."

이번에는 어미 쥐가 아비 쥐에게 말했다.

"자 그럼, 이제 시간 낭비할 필요없이, 빨리 가서 우리 세상에서
둘도 없는 딸을 이웃집 젊은 쥐에게 시집 보냅시다!"

이튿날, 그들은 예쁘게 치장시킨 어여쁜 딸을 이웃집 젊은 쥐의
집으로 시집보냈다.

그 후로, 늙은 쥐 부부의 딸 또한 부모들처럼 여기저기 숨어다니는 생활을 하게 되었다.

마두금의 전설

馬頭琴的傳說

옛날 옛적에, 내몽고(內蒙古) 땅에 월량호(月亮湖)라는 곳이 있었다. 월량호(月亮湖) 호숫가에는 쑤허(蘇和)라는 착하고 부지런한 젊은 목동이 하나 있었다. 쑤허(蘇和)는 어려서 아버지를 여의고 어머니와 함께 서로 의지하며 이곳에 살고 있었다. 비록 가난하고 고달픈 삶을 살지 않으면 안 되었지만 이런 것은 어린 쑤허(蘇和)의 성장에 아무런 영향도 끼칠 수 없었다. 쑤허(蘇和)는 착하고 성실하여 그를 아는 모든 사람들은 쑤허(蘇和)를 사랑해 마지않았다.

어린 쑤허(蘇和)는 날마다 양을 치러 나갔다. 쑤허(蘇和)는 그의 친구들이 말을 타고 초원(草原)에 나가 달리는 모습을 볼 때마다 그 모습이 부럽기 짝이 없었다. 그는 귀여운 망아지를 한 마리 가져보는 것이 평생의 소원이었다. 그래서 그는 어머니에게 자신의 소원을 이야기했다. 그러자 어머니가 말했다.

"얘야! 우리 집이 너무 가난해서 너에게 망아지를 사줄 수가 없구나."

그러자 쑤허(蘇和)는 자신의 소원을 마음속 깊이 간직한 채 다시는 망아지 얘기를 꺼내지 않았다.

어느 날, 어린 쑤허(蘇和)는 양을 치러 나갔다가 너무 피곤해서 언덕에 누워 잠이 들었다. 잠결에 그는 기괴한 꿈을 하나 꾸었다. 꿈에 하늘에서 어여쁜 선녀 하나가 내려오더니 그에게 부드러운 목소리로 말했다.

"착한 쑤허(蘇和)야! 네가 귀여운 망아지를 얼마나 갖고 싶어하는지 알고 있다. 북쪽 호숫가에 가보렴. 작고 하얀 준마(駿馬) 한 마리가 있을 터이니 네가 가지렴."

말을 마치더니 선녀는 온데간데없이 사라지고 말았다. 쑤허(蘇和)는 화들짝 놀라서 깼다. 그리고 방금 꿈속에서 들은 말을 생각해내고는 불현듯 북쪽을 바라보았더니 과연 호숫가에 작은 백마(白馬) 한 마리가 있었다.

쑤허(蘇和)는 너무도 기쁜 나머지 크게 소리쳤다.

"와! 예쁜 망아지다!"

쑤허(蘇和)는 망아지를 향해서 힘껏 달렸다. 그 망아지는 마치 오래전부터 쑤허(蘇和)를 알고 있었다는 듯이, 전혀 낯가림도 하지 않은 채, 혀를 내밀어서 쑤허(蘇和)의 뺨을 핥으며 친밀감을 표시했다.

그 후로 작은 백마(白馬)는 쑤허(蘇和)의 가장 친한 친구가 되었다. 쑤허(蘇和)는 작은 백마(白馬)를 정성껏 보살펴주었다. 머지 않아 작은 백마(白馬)는 어느덧 한번 달리면 네 발굽에 바람을 일으키며, 초원(草原)에 있는 어떤 말보다도 가장 빨리 달리는 준마(駿馬)로 성장하게 되었다. 쑤허(蘇和)는 말에게 '백준마(白駿馬)'라는 아주 그럴 듯한 이름을 지어주었다.

한번은 이런 적이 있었다. 쑤허(蘇和)는 여느 때처럼 백준마(白駿馬)를 끌고 호숫가에다 양(羊)을 풀어놓았다. 그러던 중 발을 잘못 디뎌서 습지의 샘구멍 속으로 깊숙이 빠져들어가기 시작했다. 급기야 종아리 부분까지 빠지는 위태로운 순간이었다. 그걸 본 백준마(白駿馬)는 길게 한 번 울더니 주인을 향해 달려왔다. 백준마(白駿馬)는 주인의 소맷자락을 물고 밖으로 끌기 시작했다. 계속해서 크게 우는 모습이 주인더러 절대로 손을 놓치지 말라고 말을 하는 것만 같았다. 이내 그 뜻을 알아챈 쑤허(蘇和)는 백준마(白駿馬)의 목을 꽉 끌어안았다. 그러자 백준마(白駿馬)는 혼신의 힘을 다해서 쑤허(蘇和)을 구출해냈다. 쑤허(蘇和)는 너무 감동한 나머지 눈물이 눈 앞을 가렸다.

그리고 한번은 이런 일도 있었다. 늑대 한 마리가 어린 양을 잡아먹으려고 양 우리에 들어왔다. 쑤허(蘇和)는 어린 양들을 보호하기 위해서 늑대와 격투를 벌였다. 그러나 쑤허(蘇和)가 어찌 늑대의 적수가 될 수 있을 것인가! 채 몇 분도 되지 않아 쑤허(蘇和)는 땅바닥에 넘어지고 말았다. 사나운 늑대는 이를 드러내고 발톱을 세운 채 쑤허(蘇和)를 향해 달려들었다. 늑대에게 잡아먹힐 위기일발의 순간이었다. 이때 백준마(白駿馬)가 길게 울부짖더니 말고삐를 끊고 앞발을 들어올려 늑대를 향해 크게 발길질을 했다. 그러자 깨갱! 하는 소리와 함께 사나운 늑대의 두개골은 깨지고 말았다. 얼마나 힘껏 내리쳤는지 백준마(白駿馬)는 몸을 가누지 못한 채 그만 땅바닥에 쓰러지고 말았다. 쑤허(蘇和)는 얼른 달려가서 백준마의 머리를 쓰다듬어 주었다. 백준마도 마치 자기 주인이 안쓰럽다는 듯이, 쑤허(蘇和)의 다친 다리를 핥아주었다.

그 후로, 쑤허(蘇和)와 백준마(白駿馬)의 관계는 더욱 가까워졌다. 쑤허(蘇和)는 어딜 가든지 늘 백준마(白駿馬)를 데리고 다니면서 잠시도 떨어져 있으려 하지 않았다.

하루는 호숫가에서 양들을 풀어놓고 있는데, 수많은 기마병들이 꽃사슴 한 마리를 쫓고 있었다. 쑤허(蘇和)는 호기심이 생겨 달려가서 그들에게 이유를 물었다.

"기마병 형님들, 꽃사슴은 잡아서 뭘 하시려고요?"

기마병들이 말했다.

"꼬마야, 너 아직 모르는구나? 우린 왕부(王府)[1]의 기마병이란다. 우리 군왕(君王)께서 앞에 있는 저 꽃사슴을 잡아오라고 하시면서 못 잡아오면 우릴 사형시키겠다고 하셨단다."

기마병들의 초조한 모습을 본 쑤허(蘇和)는 군말없이 백준마(白駿馬)에 올라타서 꽃사슴을 쫓아갔다. 그리고 힘들이지 않고 꽃사슴

---

1 봉건시대 왕족, 황족 등의 최고 귀족이 사는 저택.

기기묘묘한 중국의 옛이야기

을 붙들어 왔다.

쑤허(蘇和)가 꽃사슴을 왕부(王府)의 기마병들에게 건네주자 기마병들은 쑤허(蘇和)에게 고마워하면서 이렇게 말했다.

"너, 우리와 함께 왕부(王府)에 가지 않으련? 네가 꽃사슴을 잡아준 걸 우리 군왕(君王)이 아시면 너에게 후한 상을 내리실 거야."

"고맙긴 하지만 전 왕부(王府)에 안 갈래요. 그리고 한 가지 부탁드릴 게 있는데, 제가 백준마(白駿馬)를 타고 꽃사슴을 잡아온 사실을 아무한테도 말하지 말아주세요."

쑤허(蘇和)는 기마병들의 호의를 사양하며 기마병들에게 진지하게 비밀을 지켜달라고 하였다.

"알겠다. 그럼, 비밀을 지켜주마."

그러나 기마병들은 쑤허(蘇和)에게 비밀을 지켜주겠다고 말을 해놓고 약속을 지키지 않았다. 그들은 군왕(君王)에게 잘 보이기 위해서 이와 같은 사실을 발설하고 말았다. 그 말을 들은 군왕(君王)은 군침을 삼키면서 탐욕스럽게 웃더니 혼잣말로 중얼거렸다.

"그렇게 좋은 말이라면 당연히 내가 주인이 되어야지. 이 너른 대초원에서 나 아니면 누가 또 그런 빠른 말의 주인이 될꼬? 주도면밀한 계획을 세워서 내 기필코 그 말을 손에 넣고야 말겠다."

몇 달 뒤, 초원(草原)에 소식 하나가 퍼졌다. '군왕(君王)이 기마(騎馬) 대회를 열어서 우승한 선수에게는 상을 후하게 내린다'는 것이었다. 그 외에 '군왕(君王)이 가장 훌륭한 기수(騎手)를 뽑아서 사위를 삼는다'고도 했다. 마을 사람들은 모두 쑤허(蘇和)더러 대회에 한번 참가해 보라고 권했다. 그들은 쑤허(蘇和)의 백준마(白駿馬)가 초원(草原)에서 가장 빨리 달리기 때문에 나가면 반드시 일등을 할 거라고들 했다. 그의 모친도 그를 설득했다. 이번 대회가 아주 좋은 기회고, 또 듣자 하니 군왕(君王)의 딸이 매우 예쁘다고 하니 그녀를 며느리로 삼으면 얼마나 좋겠느냐고……. 그리하여 쑤허(蘇和)는 마침내 백준마(白駿馬)를 데리고 그 대회에 참가했다. 그리고 그 결과는 당연히 쑤허(蘇和)가 일등이었다. 그는 너무도 기뻤다. 그는 이 모든 것이 군왕(君王)의 주도면밀한 계략이라는 사실을 전혀 눈치채지 못하고 있었다.

쑤허(蘇和)가 군왕(君王)의 딸을 맞이하러 가자 간사한 군왕(君王)은 그의 속셈을 드러내기 시작했다. 군왕(君王)은 속임수를 써서 말했다.

"용감한 기사(騎士)여, 내 딸이 너에게 시집을 가지 않겠다고 하는지라, 내 할 수 없이 너에게 보석을 상(賞)으로 주기로 했다. 그 대신에 너의 백준마(白駿馬)만큼은 여기 왕부(王府)에 놓고 가도록 해라."

쑤허(蘇和)는 단호하게 거절했다.

"경애하는 군왕(君王)이시여, 전 아무것도 필요없습니다. 저와 백준마(白駿馬)를 집으로 돌아가게 해주십시오."

좋은 말로 해도 듣지를 않자 군왕(君王)은 하인들을 풀어 쑤허(蘇和)를 결박하게 하고 백준마(白駿馬)는 왕부(王府)로 끌고 가게 했다.

기기묘묘한 중국의 옛이야기

군왕(君王)이 백준마(白駿馬)를 손에 넣었다는 말을 들은 그 지역 부호들과 관리들은, 말로만 듣던 백준마(白駿馬)를 보기 위해 우르르 왕부(王府)로 몰려왔다. 군왕(君王)은 사람들 앞에서 자랑을 해볼 요량으로 하인들에게 백준마(白駿馬)를 끌어오게 했다. 군왕(君王)은 하인들에게 끌어온 백준마(白駿馬)의 고삐를 풀게 한 뒤 말의 등에 올라타려고 했다. 그런데 군왕(君王)이 말의 등에 올라타자마자 백준마(白駿馬)는 펄쩍 뛰며 길게 울음을 한 번 우는가 싶더니, 군왕(君王)을 바닥에 팽개치고 내닫기 시작했다. 많은 사람들 앞에서 창피를 당한 군왕(君王)은 몹시 화가 났다. 그는 즉시 기사(騎士)들에게 백준마(白駿馬)를 쫓게 했다. 그리고 만약 붙잡을 수 없으면 활로 쏘아 말을 죽여버리라고 명령하였다. 기사들은 도저히 백준마(白駿馬)를 쫓을 수가 없었다. 기사들과 백준마(白駿馬)의 거리는 순식간에 멀어지기 시작했다. 그러자 기사들은 백준마(白駿馬)를 향해 연거푸 활을 당기기 시작했다. 백준마(白駿馬)는 몸에 화살을 숱하게 맞고도 멈추지 않고 계속 쏜살같이 달려서 이내 기사들의 시야에서 아득히 사라지고 말았다. 기사들은 백준마(白駿馬)가 전신에 화살을 맞은지라 머지 않아 죽게 되리라는 사실을 알고, 활을 거두고 왕부(王府)로 돌아왔다.

백준마(白駿馬)가 군왕(君王)에게 끌려간 뒤, 쑤허(蘇和)는 마음속으로 깊이 후회했다. 만일 자신이 기마 대회에 참가하지 않았더라면 백준마(白駿馬)를 군왕(君王)에게 뺏기지 않아도 됐을 것이었다. 쑤허(蘇和)의 마음은 시간이 지나면 지날수록 더욱더 아파왔다. 그는 날이면 날마다 온통 백준마(白駿馬) 생각뿐이었다.

어느 날 저녁, 홀연히 밖에서 처참한 말 울음소리가 들려왔다. 쑤허(蘇和)는 급히 밖으로 뛰쳐나가 보았다. 밖에 나가 보았더니 그토록 그리던 자신의 백준마(白駿馬)가 돌아온 게 아닌가! 돌아온 백준마(白駿馬)를 본 쑤허(蘇和)는 한편으로는 놀랍기도 하고 다른 한편으로는 기쁘기 짝이 없었다. 그러나 다가가서 자세히 보자, 전신에 화살을 맞은 백준마(白駿馬)는 계속해서 피를 흘리며 숨이 거의 멎어가고 있었다. 쑤허(蘇和)는 백준마(白駿馬)를 쓰다듬었다. 그의 두 눈에서는 하염없이 눈물이 흘러내렸다. 쑤허(蘇和)는 소리 높여 울부짖었다. 백준마(白駿馬)는 예전처럼 쑤허(蘇和)의 뺨을 핥아주었다. 그리고 그리운 주인의 품 안에서 조용히 숨을 거두었다.

백준마(白駿馬)가 죽은 뒤로 쑤허(蘇和)는 슬퍼서 죽고만 싶었다. 그는 밤낮 없이 자신의 애마(愛馬)를 그리워하였다. 어느 날 밤, 그의 꿈에 백준마(白駿馬)가 나타나서 그에게 말했다.

"주인님, 저의 가죽과 뼈와 갈기와 꼬리를 이용해서 거문고를 만드세요. 그리고 제가 그리울 때마다 그 거문고를 타세요. 그러면 우리는 영원히 함께 있을 수 있을 거예요."

쑤허(蘇和)는 백준마(白駿馬)가 가르쳐준 대로 거문고를 하나 만든 뒤, 거문고 앞 부분에다가 자신이 만든 말의 머리를 달았다. 그 말의 머리는 백준마(白駿馬)의 모습을 본뜬 것이었다. 사람들은 그가 만든 거문고를 '마두금(馬頭琴)'이라고 불렀다.

매일 오후 땅거미가 질 무렵이면, 쑤허(蘇和)는 은빛 월량호(月亮

湖) 호숫가에 앉아서 자신이 애지중지하는 마두금(馬頭琴)을 탔다. 그 거문고 소리는 너무도 구성지고 너무도 처연(凄然)하여, 마치 백준마(白駿馬)를 그리는 그의 서러운 마음을 간절히 하소연하는 것만 같았다. 그럴 때면 사람들은 그 소리에 저도 모르게 이끌려 하나둘 몰려들었고, 저마다 쑤허(蘇和)의 거문고 소리 속에서 마치 한 마리 백준마(白駿馬)가 광활한 초원 위를 쏜살같이 달리는 모습을 보고 있는 듯한 착각에 빠져들곤 했다.

하이리뿌

海力布

옛날 옛적에 하이리뿌(海力布)라는 사냥꾼이 살고 있었다. 그는 한 원시 수렵 마을에서 살고 있었다. 그는 활을 아주 잘 쏘아서 사냥을 나갈 때마다 사냥감을 많이 잡아 돌아오곤 했다. 그는 다른 사람들을 도와주는 걸 아주 좋아했다. 그래서 사냥에서 돌아오면, 그는 잡아온 사냥감들을 사람들에게 골고루 나눠주고 자신은 조금만 가져가곤 하였다. 사람들은 그를 매우 존경해 마지않았다.

하루는 하이리뿌(海力布)가 홀로 말을 타고 깊은 산속에서 사냥을 하고 있는데, 허공에서 갑자기 살려달라는 소리가 들려왔다. 고개를 들어 살펴보니 늙은 매 한 마리가 작은 백사(白蛇) 한 마리를 낚

아채어 그의 머리 위를 지나치고 있었다. 백사(白蛇)를 불쌍하게 생각한 하이리뿌(海力布)는, 급히 활에다 화살을 재어 매를 향해서 쏘았다. 부상을 당한 늙은 매는 백사(白蛇)를 떨어뜨린 채 도망가 버렸다.

백사(白蛇)는 땅에 떨어져 몇 번 몸을 꿈틀대더니 고개를 들고 가까이에 있는 하이리뿌(海力布)에게 이렇게 말했다.

"사냥꾼 아저씨, 고마워요."

하이리뿌(海力布)가 백사(白蛇)에게 말했다.

"가여운 것! 어서 집으로 돌아가거라. 너희 집 식구들이 걱정하겠다."

그러자 백사(白蛇)가 이렇게 말했다.

"사냥꾼 아저씨, 당신은 제 목숨을 살려준 은인(恩人)이에요. 그래서 당신에게 뭔가 보답을 하고 싶네요. 저는 용왕(龍王)님이 가장 아끼는 딸이에요. 저를 따라 용궁으로 가시면, 우리 아버지께서 당신에게 감사의 표시로 반드시 후한 상을 내릴 거예요. 우리 아버지의 보물 창고에는 엄청난 보물들이 있으니, 당신이 갖고 싶은 게 있으면 다 가져가셔도 돼요."

하이리뿌(海力布)는 착한 사람이었다. 그래서 그는 백사(白蛇)에게 이렇게 말했다.

"네 고마워하는 마음은 잘 알겠다. 난 아무것도 필요없으니 어서 용궁으로 돌아가렴. 바깥 세상은 아주 위험하니, 갈 때 매에게 또 다시 잡히지 않도록 조심하거라."

하이리뿌(海力布)의 착한 심성을 본 백사(白蛇)는 하이리뿌(海力布)에게 비밀 하나를 가르쳐 주었다.

"보물이 싫으시다면, 우리 아버지의 입 속에 있는 보석을 가지셔도 돼요. 그 보석은, 입에 넣고 있으면 온갖 동물들의 말소리를 다 알아들을 수 있지요."

하이리뿌(海力布)는 마음속으로 생각했다.

'보물 따위야 필요없지만, 동물의 말을 알아들을 수만 있다면 틀림없이 사냥에 도움이 많이 될 것이다. 그러면 마을 사람들에게 더 많은 먹을거리를 줄 수 있다.'

이런 생각이 머릿속을 스치자, 하이리뿌(海力布)는 백사(白蛇)에게 이렇게 물었다.

"정말 그런 보석이 있느냐?"

그러자 백사(白蛇)가 이렇게 말했다.

"그럼요. 다만, 동물들의 말을 다른 사람들에게 절대 발설하면 안 돼요. 만약 그랬다간 그 즉시 당신은 다시는 살아날 수 없는, 딱딱한 돌로 변하고 말 거예요."

하이리뿌(海力布)는 백사(白蛇)를 따라 용궁으로 갔다. 늙은 용왕은 하이리뿌(海力布)가 자신의 귀한 딸을 구해준 것에 대하여 말할 수 없이 고마워했다. 과연 용왕은 그에게 후한 상을 내리려고 하였다. 용왕이 하이리뿌(海力布)에게 말했다.

"내 귀한 딸의 목숨을 구해줘서 정말 고맙소. 용감한 사냥꾼이여, 내 보물 창고 안에 진귀한 보물들이 많이 있으니 당신이 가지고 싶은

게 있으면 다 가져도 좋소."

하이리뿌(海力布)는 한참을 생각하다가 용왕에게 이렇게 말했다.

"존경하는 용왕님, 저는 아무것도 갖고 싶지 않습니다. 다만 용왕님께서 저에게 감사의 표시로 뭔가를 꼭 주고 싶으시다면, 용왕님 입속에 있는 그 보석을 저에게 주십시오."

용왕은 고개를 숙이고 한동안 말이 없더니 입 속에 물고 있던 보석을 꺼내 하이리뿌(海力布)에게 주었다.

하이리뿌(海力布)가 작별을 고할 즈음, 작은 백사(白蛇)는 그에게 다시 한 번 신신당부를 했다.

"용감한 사냥꾼 아저씨, 동물들의 말을 절대 입 밖에 내면 안 돼요. 입 밖에 냈다 하면 그 즉시 돌이 되어 영원히 깨어나지 못하게 될 테니까요."

하이리뿌(海力布)는 백사(白蛇)에게 정말 고마워하면서 이렇게 말했다.

"깨우쳐줘서 고맙구나. 걱정 마라. 들은 말을 다른 사람에게 절대로 말하지 않을 테니까."

보석을 갖게 된 뒤로부터 하이리뿌(海力布)는 사냥하기가 훨씬 쉬워졌다. 보석을 입에 넣기만 하면, 날아다니는 새들의 말소리나 뛰어다니는 짐승들의 말소리를 죄다 알아들을 수 있었고, 어느 산에 무슨 동물들이 있는지를 모조리 알 수 있게 되었다. 이때부터 그가 사냥하고 돌아와서 마을 사람들에게 나누어 주는 물건의 양은 더욱 많아지게 되었다. 이에 따라 마을 사람들은 그를 점점 더 좋아하게 되

기기묘묘한 중국의 옛이야기

었다.

이런 세월이 어느덧 몇 년 흘렀다. 어느 날, 하이리뿌(海力布)는 여느 때와 마찬가지로 홀로 깊은 산속에 들어가 사냥을 하고 있다가, 작은 새끼 새들이 어미 새를 둘러싸고 있는 광경을 목격하게 되었다. 어미 새가 연신 쨋쨋거리는 걸로 보아 뭔가 급한 일이 일어난 것 같았다. 호기심이 발동한 하이리뿌(海力布)는 얼른 보석을 입에 넣고 그들이 대체 무슨 말을 하는지 들어보기로 했다.

어미 새가 새끼 새들에게 말했다.

"얘들아, 어서 빨리 여길 떠나자. 오늘 밤 이곳에 대재난이 닥치게 된단다. 산이 무너지고 홍수가 밀려와서 온 마을을 다 휩쓸어 버리고 말 거야."

이 말을 듣고 깜짝 놀란 하이리뿌(海力布)는 얼른 마을로 돌아가서 마을 사람들에게 이곳을 떠나라고 말해야겠다고 생각했다.

급히 마을로 돌아온 그는 마을 사람들에게 말했다.

"우리, 빨리 다른 곳으로 이사 갑시다! 여기서 살면 안 돼요!"

잘 살고 있는 사람들에게 아무 이유도 없이 다른 곳으로 이사를 가라니……. 사람들은 계속 서둘러대는 하이리뿌(海力布)를 이상하게 생각하며, 그 누구도 그의 말을 믿으려고 하지 않았다.

하이리뿌(海力布)는 다급한 나머지 눈물을 흘리면서 다시 한 번 마을 사람들에게 말했다.

"내 맹세컨대, 거짓말이 아닙니다. 제발 제 말을 믿으세요. 빨리 다른 곳으로 피하세요! 정말 시간이 없어요!"

그러자 한 노인이 하이리뿌(海力布)에게 물었다.

"하이리뿌(海力布), 자넨 평소에 성실하고 거짓말을 하지 않는 사람이지 않은가? 오늘 자네가 우리더러 집을 옮기라는데 대체 이유가 뭔가? 이곳은 우리가 수 대(代)에 걸쳐 삶을 꾸려온 곳이네. 게다가 늙은이, 젊은이 할 것 없이 이렇게 많은 사람들이 일시에 집을 옮긴다는 게 어디 쉬운 일인가? 대체 뭣 때문에 그러는 것인지 속 시원히 말을 좀 해보게."

하이리뿌(海力布)는 아무리 서둘러 봐도 아무 소용이 없다는 걸 알았다. 곧 날이 어두워질 것이다. 조금만 더 있으면 마을 사람들이 홍수에 휩쓸려 갈 게 뻔했다. 그런데 마을 사람들을 구하려면 마을 사람들에게 새들한테서 들은 이야기를 해주어야만 한다. 하지만 그렇게 되면 자신은 돌이 되고 만다. 마침내 날이 어두워지기 시작했다. 그런데도 마을 사람들은 꿈쩍도 하질 않았다. 하이리뿌(海力布)는 더 이상 기다릴 수가 없었다.

"오늘 저녁, 이곳에 대재난이 닥칠 겁니다. 홍수가 마을 전체를 휩쓸어서 마을이 수몰되고 말 겁니다."

하이리뿌(海力布)는 마을 사람들에게 거침없이 말을 내뱉기 시작했다. 뒤이어 그는 작은 백사(白蛇)를 구해준 일, 보석을 얻게 된 경위, 새들의 말을 듣게 된 사연 등을 하나하나 마을 사람들에게 말해주었다. 그러나 말이 채 끝나기도 전에 하이리뿌(海力布)는 돌이 되고 말았다.

마을 사람들은 후회스럽기 그지없었다. 그들은 눈물을 흘리면서 남녀노소 할 것 없이 머나먼 곳으로 이사를 했다. 길을 재촉하고 있을 때 우레와 같이 커다란 소리가 들리는가 싶더니, 산이 무너지고 곧이어 거대한 홍수가 밀려와 순식간에 마을을 휩쓸어 갔다.

마을 사람들은 멀리서 마을이 휩쓸리는 모습을 바라보면서 하이리뿌(海力布)를 그리워했다.

마을 사람들은 하이리뿌(海力布)를 기념하기 위해 하이리뿌(海力布)의 이야기를 자신들의 자손들에게 들려주었다. 그 이야기를 들은 사람들은 모두 감동해 마지않았다. 사람들은 하이리뿌(海力布)가 변해 만들어진 돌을 '하이리뿌(海力布)'라고 이름지었다고 한다.

들리는 말에 의하면, 지금도 중국 어떤 지방에는 '하이리뿌(海力布)'라고 부르는 돌이 실제로 있다고 한다.

대우, 홍수를 다스리다

大禹治水

　요(堯) 임금, 순(舜) 임금, 우(禹) 임금은 황제(黃帝)의 뒤를 이은, 황하(黃河) 유역 부락연맹(部落聯盟)의 걸출한 수령(首領)들이다. 그들은 모두 백성들의 사랑과 찬양을 두루 얻은 사람들이었다.

　요(堯) 임금 재위 시절에, 황하 유역에 엄청난 수재(水災)가 발생했다. 홍수가 농작물을 침수시키고 집을 무너뜨리자, 백성들은 갈 곳을 잃고 산 위에 숨어서 야채와 풀을 뜯어 먹으면서 허기진 배를 채웠다.

　그래서 요(堯) 임금은 부락연맹 회의를 소집하여 홍수를 어떻게 다스릴지를 의논했다. 그는 각처 부락의 수령들에게 의견을 구했다.

그러자 각 부락의 수령들은 한결같이 곤(鯀)이라는 사람을 추천했다. 요(堯) 임금은 곤(鯀)을 신임하지 않았다. 그러자 수령들은 입을 모아 말했다.

"지금 곤(鯀)보다 더 좋은 인재는 없으니 한번 시험해 보십시오."

요(堯) 임금은 할 수 없이 곤(鯀)을 치수(治水) 관원(官員)으로 임명했다.

곤(鯀)은 홍수가 범람한 황하 물가로 가서 한번 쭉 둘러본 뒤에, 곧바로 치수(治水) 사업을 시작했다. 곤(鯀)은 진실하고 책임감이 강한 관원이었다. 그는 백성들을 이끌고 진흙과 돌로 제방을 쌓아 홍수를 둘러쌈으로써 홍수를 제압했다. 이른바 전통적인 소박한 치수(治水) 방법을 쓴 것이었다. 그러나 머잖아 홍수의 기세가 점점 더 맹렬해지자 진흙 제방은 거친 홍수를 막아내지 못하였다. 홍수는 결국 제방을 산산이 부숴버리고야 말았다. 이 때문에 곤(鯀)이 치수 사업을 하던 기간에는, 홍수를 다스리지도 못했을 뿐만 아니라 홍수는 더욱 더 맹위를 떨쳤다.

그 후, 요(堯) 임금이 죽고 순(舜) 임금이 부락연맹의 수령이 되었다. 그는 홍수로 집이 무너지고 전지(田地)는 수몰되며 백성들이 떠돌아다니는 모습을 보고 몸소 곤(鯀)이 치수(治水)하는 곳을 시찰하게 되었다. 시찰을 해보니, 곤(鯀)은 '진흙으로 제방을 쌓고 새는 곳은 틀어막는' 소박한 방법을 사용하고 있었고, 백성들은 모두 작은 토성(土城) 안에 갇힌 생활을 하고 있었다. 그 모습을 본 순(舜) 임금은 곤(鯀)에게 이렇게 말했다.

"지금 그대가 홍수를 제방 안에 가둬 놓으려는 모습은, 비유를 하자면, 마치 사나운 짐승을 우리 안에 가두려는 것과도 같다. 머잖아 밖으로 뛰쳐나와서 백성들에게 재앙을 줄 것 같으니 다른 방법을 써 보는 게 어떻겠나?"

하지만 홍수가 밀려왔을 때 그것을 진흙으로 막는 방법은 조상 대대로 내려온 전통적인 치수 방법이 아닌가? 곤(鯀)은 아무리 생각을 해봐도 다른 좋은 방법이 생각나지 않았다. 그래서 그는 백성들을 이끌고 모든 제방의 높이를 한층 더 높이고 더욱 견고하게 쌓았다. 그는 생각했다. '이렇게 하면 더 큰 홍수가 와도 충분히 제압할 수가 있을 것이다.'

제방의 높이를 높이고 더 튼튼하게 하는 공사가 끝나자, 곤(鯀)은 순(舜) 임금에게 자신만만하게 말했다.

"아무리 큰 홍수가 밀려와도 이 제방을 무너뜨리기 어려울 겁니다."

순(舜) 임금은 곤(鯀)을 믿었다. 그러나 얼마 지나지 않아서 홍수는 여전히 전지(田地)를 집어삼키고 집을 무너뜨렸다. 백성들은 안절부절못하며 다시 높은 산 위로 올라가 몸을 숨겼다. 순(舜) 임금은 크게 노했다. 곤(鯀)이 치수를 한 지난 9년 동안, 하릴없이 백성들만 수고롭게 하고 재물만 축냈을 뿐, 아무것도 이루어 놓은 게 없었다. 순(舜) 임금은 곤(鯀)의 죄를 물은 뒤, 그를 사형에 처하고 말았다.

그런 뒤, 각 부락 수령들의 추천을 받아 순(舜) 임금은 곤(鯀)의 아들 우(禹)를 치수 관원으로 삼았다. 우(禹)는 어려서부터 아버지

곤(鯀)을 따라 홍수를 다스리는 일을 해왔는지라, 황하(黃河)의 지형(地形)과 지세(地勢), 범람 주기(週期) 등에 대하여 손바닥을 보듯이 소상히 알고 있었다. 그리고 9년 동안의 치수 과정 또한 그에게 적잖은 치수 경험을 쌓게 해주었다. 우(禹)를 선택한 것은 그야말로 의심할 나위 없는 가장 적절한 인선(人選)이었다.

우(禹)의 임명 소식을 들은 우(禹)의 아내가 그에게 말했다.

"당신이 치수(治水)하러 가는 일에 절대 찬성할 수 없어요. 아버님도 치수 사업을 하시다가 돌아가셨잖아요. 절대로 그따위 임무를 받아들여선 안 돼요. 황하의 홍수는 막기 어려워서 언젠가는 당신도 아버님처럼 순(舜) 임금에게 당하고 말 거예요."

아내의 말을 들은 우(禹)는 아내에게 이렇게 말했다.

"황하의 홍수는 이미 수많은 백성들의 목숨을 앗아갔소. 지금 다스려 두지 못하면 백성들이 맞게 될 재난은 더 커질 뿐이오. 아버지께서는 치수(治水) 사업 때문에 돌아가셨소. 나는 그분의 아들이니, 아버지께서 못다 이루신 사업을 기필코 이루고야 말 것이오. 홍수 다스리는 일에 성공하기 전에는, 내 절대로 집에 돌아오지 않을 것이오."

이튿날, 우(禹)는 아내와 늙은 어머니에게 작별을 고한 뒤, 홍수 다스리는 사업을 시작했다.

우(禹)는 제방 위에 올라섰다. 도도한 큰 물결이 사면팔방(四面八方)으로 용솟음쳤다. 그 모습을 바라보고 있노라니 오만 가지 생각이 다 들었다. 그는 생각했다. 옛날의 방식은 임시방편으로 홍수를 막을 수는 있을지 몰라도, 시간이 지나고 홍수의 물살이 거세지면 제방은 무너지고 말 것이다. 가장 좋은 방법은 홍수를 다른 곳으로 가게 하는 것뿐이다. 그러나 저 큰 물살을 대체 어디로 가게 한단 말인가?

"바다로 가게 하면 되겠다!!"

우(禹)는 갑자기 소리 높여 외쳤다.

"그래, 맞아. 바다다. 사람들이 모두 바다가 제일 크다고 했으니 바다라면 홍수를 받아들일 수 있을 거야."

옛말에 '물은 낮은 곳으로 흐른다'고 했다. 이러한 생각을 근간으로 하여, 우(禹)는 홍수 다스리는 준비 작업을 시작했다. 우선, 우(禹)는 백성들을 거느리고 산을 넘고 물을 건너서 강(江)의 발원지(發源地)와 상류(上流), 하류(下流) 등을 대략적으로 두루 살펴보았다. 그런 다음, 살펴보는 중에 중요한 지리적(地理的) 위치에다는 돌멩이를 쌓아두거나 나무를 베어서 표시를 해두었다. 치수(治水) 사업을 진행할 때 참고 자료를 삼으려는 것이었다. 마지막으로, 우(禹)는 수위(水位)라든지 유량(流量)과 같은 강물의 사정을 꼼꼼히 점검하여 엄밀하고 완벽한 치수(治水) 방법을 정비하였다. 이른바 준설법(浚渫法)[1]을 통해서 황하(黃河)의 재난을 다스리자는 것이었다.

준비 작업을 마친 우(禹)는 거대한 규모의 치수 사업을 시작했다. 우(禹)는 친히 백성들을 거느리고, 돌도끼나 돌칼, 돌삽과 같은 보잘것없는 공구(工具)들을 들고 풍찬노숙(風餐露宿)[2]하면서 비바람 속

---

1 강의 밑바닥에 멘 것을 파내는 방법.

2 객지에서 많은 고생을 겪는다는 말로, 원래는 바람을 먹고 이슬에 잠잔다는 뜻에서 나온 말이다.

에서 홍수를 다스리기 시작했다. 우(禹)는 아침에는 일찍 일어나고 밤에는 늦게 잤다. 허리는 들쑤시고 발은 퉁퉁 부어올랐지만 게으름을 피울 수가 없었다. 그는 종종 과로(過勞)로 혼절을 하곤 했다. 우(禹)가 사업에 전심전력하는 모습에 감동을 받은 백성들은, 너나없이 우(禹)에게 자식들을 보내 우(禹)의 치수 사업을 돕게 하였다. 백성들이 치수 사업에 적극적으로 참여한 덕택에 공사는 예정된 날짜보다 훨씬 빨리 끝나게 되었다.

치수 사업을 하면서 우(禹)는 자기 집 문을 세 번씩이나 지나쳤지만 들어가지 않았다. 이것이 바로 전설적(傳說的)인 '삼과가문이불입(三過家門而不入)'이라고 하는 것이다.

우(禹)가 첫 번째로 자기 집 문 앞을 지나쳤을 때, 그는 집 안에서 들려오는 갓난아이의 울음소리를 들었다. 그는 그 아이가 출산한 지 얼마 안 된 자신의 아들임을 알았다. 자기 아들을 보고 싶은 마음이 오죽했으랴만, 그는 아직도 홍수의 재해와 위험을 받고 있는 백성들을 생각하면서 애써 눈물을 참으며 종종걸음으로 그곳을 떠났다.

우(禹)가 두 번째로 자기 집 문 앞을 지나쳤을 때, 그의 아내는 마침 아들을 안고 밖에 나와 대문 앞에 서 있었다. 아내는 우(禹)를 보자, 급히 아들에게 아빠를 부르게 했다. 얼마나 자기 아들을 끌어안고 싶었으랴만, 우(禹)는 아내와 아들에게 손을 흔들어 보였을 뿐 곧 흙먼지 속으로 아득히 사라지고 말았다.

우(禹)가 세 번째로 자기 집 문 앞을 지나쳤을 때, 우의 아들이 우(禹)의 다리를 끌어안고 말했다.

"아빠, 엄마가 아파요. 엄마가 아빠 보고 싶대요. 들어가서 엄말 보고 가세요."

우(禹)는 병약한 아내를 생각하면 마음이 쓰라리고 아팠지만 조용히 아들을 밀쳐내고 눈물을 참으며 다시 길을 떠나고 말았다.

우(禹)의 지휘 아래, 백성들은 이 산 저 산을 파헤쳐서 물길을 만들어 나갔다. 그는 매우 공평하고 사사로움이 없었다. 그는 홍수의 피해를 막는 데 혼신의 노력과 정성을 다 기울였다. 무려 13년에 걸친 각고의 노력 끝에, 아홉 개의 수로(水路)가 모두 개통되어 제방에 갇힌 홍수는 서서히 바다로 흘러들어가기 시작했다. 이것으로 치수(治水) 사업은 마침내 완성을 보게 되었다. 이것이 바로 역사상 그 유명한 '대우치수(大禹治水)'의 고사(故事)다.

홍수를 성공적으로 다스린 후에도, 우(禹)는 멈춤이 없었다. 그는 백성들을 조직하여 농경 기술을 가르치고, 홍수가 물러난 땅에는 뽕나무 씨와 삼 씨를 뿌리고 곡식의 씨앗을 뿌렸다. 몇 년이 지나자, 뽕과 삼이 무성하고 천지에 곡식의 향기가 가득하매, 백성들은 마침내 의식주에 부족함이 없는 삶을 살 수 있게 되었다. 그의 은덕에 감격한 백성들은 그 후부터 그를 '대우(大禹)'라고 부르며 존경해 마지않았다.

순(舜) 임금이 죽자, 대우(大禹)는 제위(帝位)를 선양(禪讓)받아 마침내 하(夏) 왕조(王朝)의 첫 번째 천자(天子)가 되었다.

19

공작새, 동남쪽으로 날다

孔雀東南飛

중국에는 예로부터 이런 말이 전해져 내려온다. '공작새가 동남쪽으로 날아갈 때, 5리(里)[1]마다 한 번씩 배회한다.'[2] 이 말은 아름다운 공작새가 동남쪽을 향해서 날아갈 적에 한 번 날아오를 때마다 5리(里)씩을 가는데, 그때마다 떠나기 싫어서 한참 동안을 망설인다는 뜻이다. 왜 그럴까? 원래 이 말의 이면(裏面)에는 아래와 같은 감동

---

1 리(里)는 길이의 단위로, 1리(里)는 500미터에 해당한다.

2 원래 한(漢)나라의 시가(詩歌)에서 '鴻鵠徘徊(백조가 망설이다)'라는 말은, 부부의 이별을 의미하는 말이다. 마치 '鴻鵠徘徊'의 경우와 마찬가지로, 여기에서 말하는 '공작새의 배회(徘徊)'라는 말 또한 '부부의 이별'을 의미한 것이다. 좀 더 구체적으로 말하면, 여기서 말하는 '공작새의 배회(徘徊)'라는 말은, 이 이야기 속의 주인공인 유난지(劉蘭芝)와 초중경(焦仲卿)의 이별을 의미하는 것이다.

적인 이야기가 하나 전해 내려온다.

대략 천 몇 백 년 전에 있었던 일이다.[3] 유난지(劉蘭芝)라고 하는 젊은 처자(處子)가 하나 있었다. 난지(蘭芝)는 다른 처자(處子)들과 마찬가지로 거문고를 타고, 바둑을 두고, 글을 쓰고, 그림을 그리는 등 문인들의 고상한 취미 생활을 좋아했다. 나이 열여섯 살이 되었을 때, 그녀는 수많은 책과 한시(漢詩)를 읽었으며, 그녀가 한 번 날렵한 솜씨로 옷을 만들어내면, 사람들은 저마다 그 옷을 칭찬해 마지않았다. 그리고 또 그녀는 공후(箜篌)[4]를 타는 솜씨가 아주 뛰어났는데, 그녀가 곡(曲)을 연주하면 사람들은 그 곡을 모두 좋아하곤 했다. 이처럼 다방면에 재주가 뛰어난 난지(蘭芝)의 집 앞에는 늘 중매를 서겠다는 사람들이 끊일 새가 없었다.

하루는 뚱뚱한 매파(媒婆) 하나가 찾아와서 난지(蘭芝)의 모친에게 이렇게 말했다.

"부인, 거짓말 하나 안 보태고, 초중경(焦仲卿)이란 그 총각은 보는 사람마다 칭찬해 마지않는 젊은이랍니다. 그 가문(家門)에 발을 들여놓기만 하면 평생토록 의식(衣食) 걱정 하나 없이 편안하게 부귀영화(富貴榮華)를 누릴 수 있을 겁니다."

"초중경(焦仲卿)이요?"

---

3 원화(原話)에 의하면, '한말건안중(漢末建安中)' 노강부(盧江府)에서 일어난 일이라고 했으니, 그 시기는 대략 기원후 196년에서 219년 사이의 일이라고 할 수 있겠고, 이야기의 배경은 지금의 안휘성(安徽省) 잠산현(潛山縣) 일대라고 볼 수 있겠다.

4 하프와 비슷한 동양의 옛 현악기로, 활 모양의 틀에 21개의 줄을 매어 세워 놓고 뜯는 수공후(竪箜篌), 타원형의 공명통에 13개의 줄을 매어 눕혀 놓고 뜯는 누운공후, 공명통에 나무대를 가로 꽂아 거기에 13개의 줄을 매어 놓은 소공후(小箜篌) 따위가 있다.

기기묘묘한 중국의 옛이야기

난지(蘭芝)의 모친은 잠시 생각을 하다가 말했다.

"아, 태수부(太守府)⁵에 다니는 그 하급관리 말이죠?"

"맞아요, 바로 그 사람이에요."

매파(媒婆)가 싱글벙글 웃으며 말했다.

"아시다시피, 그 총각은 용모도 당당한 데다가 점잖고, 관직도 좋지요. 그런 사람, 정말 눈 씻고 찾아봐도 찾기 어렵습니다."

난지(蘭芝)의 모친은 고개를 끄덕이며 말했다.

"그래, 맞아요. 그 사람 정말 괜찮은 총각인 것 같던데? 하지만 난지(蘭芝)의 의사(意思)도 한번 물어봐야죠."

난지(蘭芝)의 모친은 말을 마치자, 곧 일어나서 난지(蘭芝)의 방으로 들어갔다.

난지(蘭芝)는 방 안에서 원앙새 수(繡)를 놓고 있다가 모친의 말을 듣더니 저도 모르게 얼굴을 붉혔다. 난지(蘭芝)는 기어들어가는 목소리로 말했다.

"그냥 어머니 뜻대로 하세요."

이렇게 해서 난지(蘭芝)는 열일곱의 나이에 중경(仲卿)의 집으로 시집을 갔다. 매파(媒婆)의 말대로 중경(仲卿)은 과연 좋은 젊은이였다. 그러나 그는 태수부(太守府)의 관리였기 때문에 밖에서 지내는 시간이 많았으며 집에 있는 시간은 아주 적었다. 시어머니는 날이면 날마다 난지(蘭芝)에게 이런저런 일을 시켰다. 그럭저럭 몇 년의 세월이 흘렀다. 불쌍한 난지(蘭芝)는 같이 있어줄 사람도 없이 날마다

---

5 태수(太守)의 저택.

길쌈질6에 여념이 없었다. 시어머니는 그녀의 손재주가 좋은 걸 보고 이렇게 말했다.

"난지(蘭芝)야, 네 손재주가 참 뛰어나구나. 날 위해 베를 좀 짜주겠니?"

난지(蘭芝)가 대답했다.

"어머님께서 부탁하시는 일인데 당연히 해드려야지요."

난지(蘭芝)는 한시바삐 베를 짜기 위해, 날이 채 밝기도 전에 촛불을 밝히고 베틀 앞에 앉아 베를 짜기 시작했다. 그녀는 만사를 젖혀두고 열심히 베를 짰다. 열심히 베를 짜다가 정신을 차려보면 날은 이미 저물어 있었고, 그러면 대충 허기를 채운 뒤 다시 베틀 앞에 앉았다. 이러기를 꼬박 사흘. 난지(蘭芝)는 마침내 다섯 필(疋)의 비단을 짰다. 그녀는 그것을 기쁜 마음으로 시어머니에게 갖다 드렸다. 그러나 누가 뜻하였으랴? 시어머니는 뜻밖에도 매우 언짢은 표정을 지으며 말했다.

"그렇게 긴 시간 동안 이것밖에 못 짰니? 흥! 이러고도 잘난 척이니?"

난지(蘭芝)는 너무도 억울했다.

"어머님, 저 날마다 게으름 피우지 않고 정말 힘들게 짠 거예요."

시어머니는 그녀를 흘끔 돌아보며 이렇게 꾸짖었다.

"변명할 필요없다! 일솜씨가 이렇게 느려 터져서야 널 어디다 쓰겠니?"

---

6 실을 내어 옷감을 짜는 일.

　　　　　　　　　　　　　　기기묘묘한 중국의 옛이야기

시어머니의 이런 태도를 보자 그녀는 그만 할 말을 잃고 말았다.

그녀는 고개를 떨구고 방으로 돌아왔다. 그때 중경(仲卿)이 불쑥 집으로 돌아왔다. 집으로 돌아온 중경(仲卿)은 탁자(卓子) 옆에 앉아 미소를 지으며 그녀를 쳐다봤다. 그러자 난지(蘭芝)는 울음을 참지 못하고 '흑흑' 흐느껴 울기 시작했다.

깜짝 놀란 중경(仲卿)이 다급하게 물었다.

"여보, 무슨 일이오? 어디 아프오?"

난지(蘭芝)는 고개를 가로저으며, 오늘 있었던 일들을 중경(仲卿)에게 모두 이야기했다. 그리고는 눈물을 글썽이며 중경(仲卿)에게 말했다.

"여보, 제가 게을러서라기보다는 여기서 며느리 노릇하기가 너무나 힘들어요. 어머님께서 분부하시는 일들을 도저히 감당할 수가 없는데, 제가 여기 있어봐야 무슨 소용이 있겠어요? 그러니 당신이 저 대신 어머님께 잘 말씀드려서, 제발 절 좀 친정집으로 보내주세요."

중경(仲卿)은 난지(蘭芝)의 어깨를 두드리며 말했다.

"무슨 쓸데없는 소릴 하고 그래! 어머니께서 오늘 기분이 좀 안 좋으셨던 모양이지? 그래서 당신한테 악담을 퍼부으신 것 같은데, 내가 내일 어머니께 잘 말씀드려 보리다."

이튿날 중경(仲卿)이 어머니를 뵙고 이렇게 말했다.

"어머니도 아시다시피, 전 10년을 어렵게 공부했고, 그 결과 겨우 태수부(太守府) 말단 관리직에 오를 수 있었습니다. 고관(高官)직 같은 건 처음부터 감히 넘볼 수도 없는 저의 처지에, 요행히 현숙(賢淑)

하고 재주 있는 집사람을 만나 행복한 결혼 생활을 꾸리게 됐죠. 우린 서로 죽은 뒤에도 영원히 함께하기로 굳게 맹세했답니다. 우리가 함께 결혼 생활을 시작한 지도 얼마되지 않았고, 또 그동안 난지(蘭芝)가 뚜렷이 어머니께 잘못을 한 적도 없지 않습니까? 그런데 어머니께서는 어째서 그렇게 난지(蘭芝)를 못마땅하게 생각하십니까?”

그 말을 들은 중경(仲卿)의 어머니는 얼굴빛이 홱 변하더니 이렇게 대꾸했다.

“중경(仲卿)아! 너 왜 그렇게 바보 같니? 넌 아무 생각도 없이 사니? 네 각시를 한번 보렴. 예의범절도 모르고, 어른한테 말대꾸하고, 뭐든지 제멋대로 하려고만 들어서 내가 울화통이 터져 죽을 지경이다. 이래도 아직 모르겠니?”

“하지만 어머니……”

“시끄럽다! 애초에 네가 그 아이와 혼인을 한다고 했을 때, 이 어미가 마뜩지 않게 생각했음에도 불구하고 네 멋대로 결정을 하지 않았니? 내 그렇지 않아도 내 맘에 쏙 드는 참한 처자(處子)를 하나 눈여겨 봐뒀다. 우리 옆집 색신데 이름을 나부(羅敷)라고 한다더라. 아주 귀엽고 예뻐서 보면 아마 너도 좋아할 거다. 유난지(劉蘭芝)는 빨리 친정집으로 쫓아내 버리거라. 걜 쫓아낸 뒤에, 이 어미가 가서 혼담(婚談)을 한번 꺼내 보마.”

이 말을 들은 중경(仲卿)은 두 무릎을 ‘풀썩’ 꿇고 주저앉아 어머니에게 말했다.

“어머니, 제 말 좀 들어보세요. 어머니께서 지금 난지(蘭芝)를 쫓

기기묘묘한 중국의 옛이야기

아내시면 전 평생 동안 다시는 장가를 들지 않겠습니다!"

"뭐라구?"

중경(仲卿)의 어머니는 크게 화가 나서 주먹을 불끈 쥐고, 앉아 있던 의자의 팔걸이를 탁탁 두드리면서 아들을 크게 꾸짖었다.

"이런 후레아들 같으니라구! 어디서 감히 네 여편네의 역성을 드는 게냐! 난 개한테 털끝만한 정(情)도 없고 또 받아들일 생각도 없다. 그러니 다시는 그런 소리 내게 하지 마라!"

중경(仲卿)은 더 이상 말을 꺼내지 못한 채, 말없이 자기 방으로 돌아왔다. 난지(蘭芝)가 뛰어나와 맞이했지만 그는 여전히 아무 말도 하지 않았다.

"여보! 어머님께서 뭐라고 하시던가요?"

중경(仲卿)은 말없이 고개만 저었다. 난지(蘭芝)에게 말해주고 싶었지만 정작 말을 하려고 하면 자꾸 눈물만 흘러내렸다. 중경(仲卿)이 울먹이는 목소리로 말했다.

"여보, ……난 절대로 당신을 보내고 싶지 않소……. 그런데…… 어머니께서 당신을 자꾸만 그렇게 하라고 하시니, 나로서도 어쩔 수가 없구먼."

난지(蘭芝)는 입술만 깨물 뿐 대답이 없었다.

중경(仲卿)이 눈물을 닦으며 말했다.

"잠시 동안만 친정집에 가 있으시오. 그러면 내가 태수부(太守府) 일을 끝낸 뒤 당신을 꼭 데리러 가겠소. 당신도 억울한 점이 많겠지만 그렇다고 어머니 뜻을 거스를 순 없잖소?"

난지(蘭芝)는 숨을 깊게 들이마시며 작은 소리로 말했다.

"친정집을 떠나 이곳으로 시집온 그해 겨울 이후 지금에 이르도록, 어머님을 모시고 살면서 전 늘 어머님 말씀에 순종하며 살아왔어요. 무엇 하나 제 뜻대로 한다는 건 상상도 할 수 없는 일이었죠. 당신도 없는 집 안에서 하루종일 열심히 일만 하고 살았어요. 그러면서 전 늘 생각했어요. 크게 잘못되는 일만 없으면 이렇게 일평생 시어머니를 떠받들며 살겠다고……. 그런데 결국 이렇게 쫓겨나는 신세가 되고 말았군요. 그러니 이제 어찌 이곳으로 다시 돌아오겠다는 말을 할 수 있겠어요?"

중경(仲卿)은 한숨을 내쉬었다. 난지(蘭芝)는 일어서서 장롱 속에서 상자 몇 개를 꺼냈다. 그리고 중경(仲卿)에게 이렇게 말했다.

"여기엔 허리까지 오는 꽃 자수 놓은 짧은 솜저고리, 양층(兩層)으로 된 붉은 비단 휘장이 있어요. 그리고 속에 여러 가지 물건들이 들어 있는 옷 상자 6, 70개도 있지요. 우리 집이 워낙 가난해서 가지고 온 물건들도 돈 될만한 게 하나도 없네요. 앞으로 당신 아내가 될 사람을 맞으러 가실 때 갖고 가시든지, 아니면 그냥 여기 놔두고 기념품으로 삼으세요. 앞으로는 만날 기회가 없을 것 같네요. 부디 영원히 절 잊지 말아주세요."

'꼬끼오!'

어느덧 수탉이 울기 시작했다. 난지(蘭芝)는 서둘러 일어나 곱게 단장을 했다. 몸단장을 마친 난지(蘭芝)는 대청에 들어가서 시어머니를 뵈었다. 시어머니는 아직도 노기(怒氣)가 가시지 않았는지 그

기기묘묘한 중국의 옛이야기

녀를 싸늘하게 대했다. 난지(蘭芝)는 미소를 지으며 시어머니에게 말했다.

"친정집에 있을 때, 어려서부터 시골에서 자란지라 특별한 교양도 쌓지 못한 채 서방님과 결혼을 해서 부끄럽기 짝이 없습니다. 그동안 어머님께서는 저에게 수많은 재물과 선물을 주셨습니다. 그런데도, 저는 어머님을 변변히 잘 모시지 못했군요. 오늘 저는 제 친정집으로 돌아가렵니다. 부디 몸 건강하세요."

그녀는 다시 몸을 돌려 중경(仲卿)의 누이동생에게도 작별을 고했다. 눈물이 주체할 수 없을 정도로 흘러내렸다.

"내가 막 시집왔을 때 아가씨는 조그만 어린애였죠. 근데 그새 이렇게 컸네요. 머잖아 아가씨 키도 나만큼 자라겠군요. 아가씨, 어머님 잘 부탁드려요. 그리고 날 잊지 말아요."

말을 마치자 난지(蘭芝)는 문 밖을 나섰다. 그리고 가마에 올라 떠나갔다. 눈물이 하염없이 흘러내렸다. 창 밖으로 중경(仲卿)이 말을 타고 묵묵히 앞장서 가는 뒷모습이 보였다. 큰길가에 닿자 중경(仲卿)은 말에서 내려 난지(蘭芝)의 곁으로 다가왔다. 그리고 난지(蘭芝)에게 가만히 말했다.

"여보, 걱정 마오! 내 맹세하리다. 당신을 데리러 꼭 돌아오겠소!"

난지(蘭芝)는 고개를 끄덕이며 작은 목소리로 말했다.

"난 잡초처럼 강인해요. 그러니 당신도 반석(磐石)처럼 꿋꿋하세요. 다만……"

"다만 뭐요?"

"오빠가 성질이 불 같아서 다시 돌아가지 못하게 할는지도 몰라요."

중경(仲卿)이 위로해 말했다.

"그건 걱정할 것 없소. 당신 오빠도 꼭 이해해 줄 것이오. 난지(蘭芝), 그럼 나중에 봅시다."

중경(仲卿)이 손을 흔들며 말했다. 그러나 오랫동안 떠나지 못한 채 말을 타고 가마 주위를 맴돌았다.

집에 돌아온 난지(蘭芝)는 수치심 때문에 한참을 망설이다가 어머니를 찾아뵈었다. 난지(蘭芝)를 본 어머니는 깜짝 놀라며 말했다.

"아가야, 어떻게 아무런 말도 없이 돌아왔니?"

그러더니 분연(憤然)히 말했다.

"내가, 네 나이 열세 살 때는 베 짜는 걸 가르치고, 열네 살 때는 옷 만드는 걸 가르치고, 열다섯 살 때는 공후(箜篌)를 타게 하고, 열여섯 살 때는 예의범절을 가르쳐서 열일곱의 나이에 널 그렇게 시집보냈다. 그런데 그동안 아무 탈 없이 잘 지내던 네가, 대체 무슨 일로 이렇게 반겨줄 이도 없이 제 발로 집을 찾아왔더란 말이냐?"

난지(蘭芝)는 죄송하다는 듯이 이렇게 말했다.

"사실, 전 아무 잘못도 저지르지 않았어요. 그냥 시어머님께서 절 좋아하지 않으시는지라 저로서도 달리 방법이 없었어요."

"쯧쯧……!!"

그 말을 들은 어머니는 매우 가슴 아파했다.

"난지(蘭芝)야! 아무 걱정 말거라. 엄마가 널 위해 더 좋은 사람을 한번 찾아보마."

생각지도 못하게, 난지(蘭芝)가 집에 돌아온 지 10여 일 후에, 매파(媒婆) 하나가 생글생글 웃는 얼굴로 시끄럽게 떠들며 나타났다.

"에이그, 난지(蘭芝) 넌 복(福)도 많다. 현령(縣令)[7] 댁 셋째 아드님한테서 혼담이 들어왔구나. 그 댁 아드님은 성격 시원하지, 점잖지, 말재간 좋지, 재주 많지, 정말 나무랄 게 하나도 없단다. 이 모든 게 다 난지(蘭芝) 네가 전생(前生)에 일구어 놓은 복인가 보다!"

이 말을 들은 난지(蘭芝)의 모친은 방으로 들어가 난지(蘭芝)에게 말했다.

"애야, 정말 좋은 집안이다."

난지(蘭芝)가 눈물을 글썽이며 말했다.

"하지만…… 어머니! 중경(仲卿)이 절더러 영원히 헤어지지 말자고 몇 번씩 당부했어요. 그러니 지금 허혼(許婚)하시면 안 돼요……. 어머니, 매파한테 다음에 다시 말하자고 잘 타일러서 돌려보내세요."

모친은 '어휴!' 하고 한숨을 쉬며, 할 수 없이 매파에게 가서 말했다.

"우리 애가, 집이 너무 가난하다는 이유로 시집간 지 얼마 안 돼서 소박을 맞고 집으로 돌아왔답니다. 그러니 일개 하급 관리의 아내 노릇도 제대로 못하는 애가 어찌 현(縣)의 가장 윗어르신의 귀한 아드님 배필 노릇을 할 수 있겠어요?"

---

7 현(縣)은 군(郡)의 예하에 있는 행정단위이므로, 현령(縣令)의 직책은 군수(郡守)의 바로 아래 직책에 해당한다.

매파가 돌아간 뒤 난지(蘭芝)의 마음은 한결 가벼워졌다. 그러나 며칠 지나지 않아 또다시 혼담을 보내온 사람이 있었다. 이번에는 놀랍게도 태수(太守)의 다섯째 아들이었다! 난지(蘭芝)의 어머니는 난지(蘭芝)가 생각이 없음을 알고 있었는지라 또다시 거절해서 보내려고 했다.

그때 마침 난지(蘭芝)의 오빠가 문 앞을 지나다가 모친이 하는 말을 듣게 되었다. 화가 난 오빠는 그 길로 난지(蘭芝)에게 달려가 크게 꾸짖었다.

"다시 한 번 생각해 보렴! 전에 네가 시집갔던 곳은 따뜻하게 입고 따뜻하게 입으면 되는, 그런 일개 하급 관리 집안에 불과했다. 하지만 이번에는 좀 다르지 않니? 상대는 당당한 귀공자 집안이란 말이다. 너에게 일평생 부귀영화를 누릴 수 있도록 해줄 수 있는, 바로 그런 곳이야! 네 꼴을 한번 봐라. 소박맞고 돌아와서 망신을 톡톡히 당하지 않았니? 하물며 널 달갑게 받아주겠다는 사람이 있는데, 어찌 그런 사람의 호의를 함부로 무시한단 말이냐? 속된 말로 그 미련한 관리 녀석이 무슨 황제도 아니고, 또 뱉은 말이라고 다 진심에서 나온 말들이겠니? 정말 한심하기 짝이 없구나!"

오빠의 한바탕 소동이 끝난 뒤, 난지(蘭芝)가 조용히 말했다.

"오라버니 말씀에도 일리가 있네요. 중경(仲卿)과 굳게 맹세를 하긴 했지만, 금생(今生)에 다시 만날 인연이 또 있을지 저도 잘 모르겠네요……."

난지(蘭芝)의 오빠는 손을 크게 휘두르며 말했다.

"그럼, 어서 빨리 태수(太守)의 요청을 받아들이거라! 무슨 말이 더 필요하니?"

혼담(婚談)을 넣으러 온 군승(郡丞)[8]은 몹시 좋아하며 곧바로 태수부(太守府)로 돌아가 이 말을 전했다. 태수(太守)는 몹시 기뻐하며 급히 혼인 날짜를 잡게 했다. 혼인 날짜는 사흘 후로 잡혔다. 시간을 지체할 수 없었다. 그리하여 태수는 즉각 사람을 불러서 혼인 예물을 준비해 오게 했다. 채 양이틀이 지나지 않아, 백옥(白玉)으로 만든 바퀴를 달고, 황금빛 안장을 얹은 늘씬한 말이 끄는 금빛 찬란한 마차가, 300만에 이르는 빙금(聘金)[9]을 싣고 태수부(太守府) 안으로 들어갔다.

그러나 난지(蘭芝)는 집 안에서 날이면 날마다 눈물로 시간을 보내고 있었다. 그녀는 눈물을 흘리며 신혼에 입을 의상을 만들었다. 그리고 날이 어두워지자 문 밖으로 나와 울음을 터뜨리고야 말았다. 그렇게 한참을 울고 있는데, 어디선가 홀연 말 우는 소리가 들려왔다. 그 소리는 아주 낯익은 소리였다!

"중경(仲卿)의 말이다!"

난지(蘭芝)는 눈으로 먼 곳을 더듬었다. 아아, 저 멀리서 말을 타고 오는 사람은 다름 아닌 중경(仲卿)이었다!

"여보!"

그를 본 난지(蘭芝)의 얼굴에는 다시금 주체할 수 없는 눈물이 홀

---

8 태수(太守)를 보좌하는 보좌관.
9 신랑집에서 신부집에 보내는 금품.

러내렸다.

"어머니와 오빠가 절 다른 사람에게 허혼(許婚)하고 말았어요……"

중경(仲卿)이 싸늘한 어조로 말했다.

"대갓집으로 시집가게 된 걸 축하하오. 이제 맹세의 말도 부질없는 것이 되고 말았으니, 나 혼자 저 세상에나 가 있으리다."

"에그머니, 무슨 그런 끔찍한 말씀을……?"

난지(蘭芝)가 슬프게 말했다.

"당신이나 나나 모두 핍박받는 사람들이에요. 그러니 우리 차라리 저 세상에서나 다시 만나요!"

중경(仲卿)도 더 이상 참지 못하고 끝내 눈물을 흘리고야 말았다. 그는 난지(蘭芝)의 손을 꼭 잡고 말했다.

"그래, 저 세상에서 다시 봅시다!"

그러더니 그는 몸을 돌려 말 위에 오른 뒤, 잽싸게 말을 달려 집으로 돌아왔다. 집에 돌아온 중경(仲卿)이 어머니에게 말했다.

"어머니, 못난 절 용서해 주세요. 부디 100세까지 오래오래 사십시오."

깜짝 놀란 그의 어머니는 이렇게 물었다.

"너 대체 왜 그러느냐?"

중경(仲卿)은 말 없이 어머니에게 큰 절을 두 번 올린 뒤 그냥 떠나가 버렸다. 늙은 어머니는 그제서야 아들의 마음을 헤아리고 눈물을 떨구었다.

"얘야, 그게 대체 웬 날벼락 같은 소리냐……?"

이튿날, 사람들은 신부를 맞이하러 가기 위해 모여들기 시작했다. 아이들은 거리에서 큰 소리로 환호성을 지르고, 그 뒤를 이어 징을 울리고 북을 치며 사람들이 따라가는 등, 그야말로 기쁘고 경사스럽기 그지없었다. 난지(蘭芝)는 하루종일 너울[10]을 덮고 숨어 있다가 어둠이 깔리기 시작한 뒤에야 너울을 들추고 나왔다.

그녀는 혼잣말로 중얼거렸다.

"내 생명도 이제 이것으로 끝이다. 내 영혼은 자유롭게 날아서 멀리멀리 떠나갈 거야!"

말을 마치자, 그녀는 새로 만든 치마로 얼굴을 가리고 신발을 벗은 뒤, 저수지로 '풍덩' 뛰쳐들고야 말았다.

그녀를 뒤따르던 여자아이가 그 모습을 보고 소스라치게 놀라 소리쳤다.

"큰일났어요, 큰일났어요! 태수(太守)님 댁 새 며느님이 물에 몸을 던져 자살을 했어요!"

자고 있던 사람들은 모두 깜짝 놀라 잠에서 깨어났다. 난지(蘭芝)가 자살을 했다는 소문은 금새 여기저기 퍼져나갔다. 사람들이 저수지 주위에 몰려들었다. 그녀의 시신이 맥없이 물 위에 떠올랐다. 그녀의 얼굴엔 미소가 번져 있었다.

사람들이 떠드는 소리를 들은 중경(仲卿)은 가볍게 미소 지으며 홀로 중얼거렸다.

"음, 난지(蘭芝)가 약속을 실천에 옮겼구나."

---

10 예전에 여자들이 나들이할 때 얼굴을 가리기 위하여 쓰던 물건. 얇은 검정 깁으로 만든다.

그는 동남쪽(난지의 집이 있는 방향)으로 뻗은 큰 나무를 찾아서 새끼줄을 묶었다. 그리고 거기에다 자신의 목을 매단 뒤 세상을 하직하고 말았다.

양가(兩家)의 사람들은 모두 애달피 울었다. 일이 이렇게까지 될 줄은 아무도 미처 예측하지 못했다. 양가(兩家)의 모친들은 후회스럽기 짝이 없었다.

"애고, 애고, 기왕에 살아서 이루지 못한 소원, 두 사람의 소원대로 차라리 죽은 뒤에라도 같이 있게 해줍시다 그려!"

난지(蘭芝)와 중경(仲卿) 두 사람의 시신은 화산(華山) 기슭에 합장(合葬)되었다. 사람들은 무덤가에다 소나무와 오동나무를 심어주었다. 그런데 이상하게도 이 두 나무는 자라면서 서로의 가지로 서로서로를 덮어주고, 각각의 이파리들도 서로서로 잇닿아 있어서 마치 다정하게 손을 잡고 있는 것 같았다. 그리고 나무 위에서는 예쁜 새 한 쌍이 밤마다 날이 샐 때까지 울어댔는데, 그 우는 모습이 마치 후세 사람들에게 이 불운한 연인들의 교훈을 부디 잊지 말라고 하는 것만 같았다.

중국 대표 민담 19선

기기묘묘한 중국의 옛이야기

초판 1쇄 발행일 2013년 4월 17일

옮긴이 김영준
펴낸이 박영희
편집 이은혜 · 유태선 · 정지선 · 김미령
인쇄 · 제본 태광인쇄
펴낸곳 도서출판 어문학사
　　　　서울특별시 도봉구 쌍문동 523-21 나너울 카운티 1층
　　　　대표전화: 02-998-0094 / 편집부1: 02-998-2267, 편집부2: 02-998-2269
　　　　홈페이지: www.amhbook.com
　　　　트위터: @with_amhbook
　　　　블로그: 네이버 http://blog.naver.com/amhbook
　　　　　　　　다음 http://blog.daum.net/amhbook
　　　　e-mail: am@amhbook.com
　　　　등록: 2004년 4월 6일 제7-276호

ISBN 978-89-6184-295-2 03380
정가 15,000원

이 도서의 국립중앙도서관 출판시도서목록(CIP)은 e—CIP홈페이지(http://www.nl.go.kr/ecip)와
국가자료공동목록시스템(http://www.nl.go.kr/kolisnet)에서 이용하실 수 있습니다.
(CIP제어번호: CIP2013001619)